1

Orlando Gaido

Vivir como un extranjero

Como enfrentar las situaciones cruciales

ISBN 978-1-4467-7268-3

Editorial **www.lulu.com**

A Amelia

Que en todo este camino
por tantos países, entre
tantas comunidades, me
acompañó, me alentó y me
ayudó.

Porque pude redactar este
opúsculo, en gran parte,
gracias a ella.

Índice

Tomar el camino de la emigración, por muchos motivos, es como volver a casa, porque el que tiene que dejar su país se acerca a la sede de los ideales que lo han inspirado desde siempre.

Josif Brodskij

Presentación

Al presentarles este escrito quisiera trazar una historia, escueta pero completa, de su inspiración, redacción y evolución a través de las varias correcciones por las que pasó.

Lo inicié en el año 1989. Se trató de una primera redacción en italiano, terminada en el primer semestre de 1991. Siguió una primera versión castellana, que en su última página llevaba fecha del 6 de julio de 1993. Desde entonces hasta mediados del 99, repasé varias veces ese texto castellano, que nunca consideré definitivo, para corregirlo y volverlo a corregir.

Ese opúsculo inicial nació de mi experiencia en años de asistencia a los extranjeros, en países en los cuales se los suele mirar y tratar como a un problema. Y casi podría afirmar que se alimentó de una buena dosis de positiva desilusión. En efecto, el tiempo de su gestación coincide con mi estadía en Italia.

En este país, del cual poseo la ciudadanía y al cual me he sentido y continúo sintiéndome cultural y afectivamente atado, es donde sin embargo, tomé real conciencia de mi condición de extranjero. Es una dolorosa verdad; después de haber recorrido el mundo haciendo alarde de mi italianidad, orgulloso de la cultura italiana, es más, vistiendo un sano regionalismo, logrando imponerme como escritor en lengua piamontesa, la única en la que escribo poesía, bastaron los años que viví en Turín, justamente en el Piamonte de mis abuelos, para darme cuenta de que en realidad no soy simplemente un italiano, sino

11

un ciudadano italiano nacido en el extranjero. Y a pesar de que había ido a ese país con muchas ganas de volver a casa, nunca me sentí bien en él, tanto es así que me decidí a dejarlo y me alegré sobremanera de que en el año 1993 me ofrecieran la posibilidad de ir a Alemania para asistir a los italianos. Esos emigrantes sí eran mi gente. Entre ellos me sentía realmente lo que soy, un emigrante ítaloargentino, un extranjero.

Pero, además, como ya se puede entender por lo que digo arriba, también en su forma idiomática este libro nació extranjero. Fue pensado y escrito en italiano, que para mí es un idioma aprendido, como lo son el portugués, el alemán o el francés. Lo hablo con soltura y lo escribo bastante bien, por lo menos así lo creo, pero siempre como se puede hablar y escribir una lengua que nos ha costado muchas horas de estudio y ejercicios, y que siempre nos reserva sorpresas y que está siempre supeditada a las categorías de las lenguas que crecieron con nosotros, que para mí son el castellano y el piamontés.

La primera idea de redactarlo surgió de una divagación de una charla mantenida con un grupo de amigos. Hablábamos sobre el ser extranjero y yo manifesté con toda simpleza lo que para mí era descontado. Sin embargo algunos oyentes recibieron mis palabras como una revelación. Eso me hizo pensar ¿cuánto de nuestra experiencia de desarraigados podía ser un mensaje para los demás?

Y empecé a ver que, no sabía si para bien o para mal, nuestras ideas solían ser muy distintas de las de la gente que nunca se había movido de su propio país.

Y llegué a la conclusión de que la diferencia estaba en nuestra cosmovisión de extranjeros. Pero esto apenas si lo intuía, porque me daba cuenta de que yo mismo no tenía un cuadro exacto. Por eso me decidí a comenzar a recoger recuerdos de mi propia experiencia, de la de mi gente que había vivido como extranjera en mi propio país, y de la de todos los extranjeros con los que había compartido mi camino por tantos países del mundo.

Por un tiempo me distraje con un resultado parcial demasiado interesante y que me daba material para un libro. Había recopilado tantas noticias sobre la sociedad de la cual provenía, o sea la de los gringos piamonteses, que habían colonizado parte de la Pampa santafesina y cordobesa, y era tal el interés que el tema despertaba en ese momento en Piamonte, que decidí abocarme a redactar un centenar de páginas. El trabajo, que di a conocer en 1990 con el título: *L'America Latina è anche Piemontese*, llamó la atención de los centros interesados en el estudio de las migraciones, sobre todo entre los que se ocupaban especialmente de los piamonteses.

Ese resultado me impulsó a continuar con la idea inicial de un trabajo sobre los extranjeros en general, sin tener en cuenta ni el lugar de origen ni el de acogida.

Entretanto, mi vida había cambiado radicalmente y los años pasados me fueron convenciendo de algunas opiniones y disuadiendo de otras.

El cambio fundamental se dio no sólo por mi vuelta a Alemania, en el 93, y luego, a fines del 94, mi traslado a Suiza, para ocuparme definitivamente de la asistencia a los emigrantes, sino por las nuevas tendencias del mundo de las migraciones.

13

El nuevo panorama migratorio presentaba variantes muy significativas: nuevos pueblos obligados a emigrar o a escoger el camino del exilio, movidos por las persecuciones raciales, las guerras o el hambre, nuevas metas que transformaban a países de población tradicionalmente emigrante en receptores mal preparados de inmigración, como Italia, España y, en menor intensidad, Portugal. Todo eso traía aparejado una nueva propuesta del tema, que pasaba a primer plano de interés. Y en vista de los temores y las susceptibilidades que al respecto demostraba una buena parte de la población mundial, me pareció oportuno presentar en ese momento una visión positiva de la condición de extranjero.

Siempre que se refieren a nosotros se habla del problema de los extranjeros, de los problemas de los trabajadores forasteros, de qué puede hacer la comunidad local por los extranjeros. Se nos ve siempre como a gente a la que hay que asistir, comprender, tolerar, compadecer o estimar a pesar de todo. Eso presenta un cuadro poco atractivo a la sociedad que nos hospeda ¿Para qué mantener una cantidad de individuos que sólo ocasionan problemas, como no sea para realizar un acto de caridad?

Además, cuando los europeos hablan de los extranjeros piensan solamente en los inmigrantes y aun más determinadamente, en los no europeos o no pertenecientes a la Comunidad Europea. Daría la impresión de que no existieran en el mundo los millones de europeos esparcidos por los otros cuatro continentes. Y es un dato que ni siquiera he tratado de confirmar, pero opino que la cantidad de personas que han emigrado de Europa es considerablemente superior a la de los que han inmigrado a este mismo continente. Ahora bien, esta emigración es prácticamente desconocida, no sólo por la gente común, sino aun por los que tienen poder de decisión.

En Italia tuve que ocuparme del reflujo migratorio, como se solía llamar a la considerable cantidad de descendientes de emigrantes, que entraban en el país, y que aun conservaban el derecho a la ciudadanía. La impresión que tuve entonces fue la de que los europeos se acuerdan de los emigrados cuando tienen que recibir lo que éstos mandan, cuando uno de éstos descuella en algún campo o cuando tienen que negarles derechos ¿Cómo se puede pretender que entiendan a la inmigración, si antes no entendieron a su propia emigración?

Sobre este tema, cito simplemente un artículo aparecido sobre el periódico suizo Mundo Hispánico, cuyo autor Suso Baamonde González, haciendo una comparación entre la emigración europea de otrora a América Latina y la actual de los latinoamericanos a Europa dice que aquella "moral y humanamente resultaba mucho más acogedora que la que ahora se ofrece en la Europa ancestral a los emigrantes latinos que el imperialismo coligado y capitaneado por los EE.UU. obliga a mendigar en el continente europeo. Resulta incomprensible y también triste, para quien fue emigrante en países tan bien dotados por la naturaleza y escasamente poblados como Argentina, Brasil y Venezuela, que sus súbditos deban emigrar masivamente para ser pasto de negreros y fariseos de los países industrializados."

Y nadie puede negar una tendencia exasperante a culpar a los nuevos inmigrantes de los problemas más graves de cada país.

15

Aun en la misma Argentina, que en aquellos años se volvió una tierra de emigración, por no decir de huida, y para decirlo me remito a varios artículos aparecidos por entonces en la prensa de Buenos Aires, de los cuales baste citar el título de uno del diario Clarín del 24 de enero de 2001: "Hay que irse, no queda otra" (y en el año 2002, la huida de Argentina había cobrado el cariz de una verdadera explosión). Pues bien, en una estadía de ese mismo año en Buenos Aires, observé que gran parte de la población endilgaba la responsabilidad de la delincuencia creciente a los ilegales peruanos, que según la opinión popular, habrían invadido la capital rioplatense.

Todo eso me llevó en ese momento a recorrer mi trabajo desde su primer párrafo hasta el último para reacondicionarlo y proponerlo a quienes estuvieran interesados en el tema. Sin embargo volví a guardarlo y lo dejé dormir hasta este 2010.

Nadie puede negar que desde hace poco más de un año, el *problema extranjeros* se ha agudizado en Europa. Ahora sí, quiero dar a conocer estas páginas, que tal vez pueden echar una gota de aceite sobre las agitadas aguas de la xenofobia.

La actual situación de crisis de muchos países, que se han transformado en meta de las nuevas corrientes migratorias, ha vuelto a despertar las atávicas preguntas sobre la conveniencia o no de los extranjeros. Al respecto me limito a citar la opinión de una autoridad en ese tema, la licenciada Maria do Rosário Farmhouse, presidente del Alto Comisariato para la Inmigración y el Diálogo Intercultural (ACIDI), de Portugal, según la publicación Pontes, del segundo trimestre de 2011. A la pregunta: *¿Pueden los inmigrantes ayudarnos a salir de la*

16

crisis? Responde: *Pienso que sí, Antes que nada por su capacidad emprendedora, son capaces de partir a la búsqueda de un mundo mejor. No sienten tener nada que perder si arriesgan, y por lo tanto arriesgan mucho más que los portugueses. No se dejan abatir tan fácilmente ante las adversidades, puesto que no es para eso que han venido.*

Toda esta historia de la redacción de este librito tiene un sólo propósito: dejar bien claro que su presentación final ha sido reflexionada durante casi veinte años y que para llegar a eso he tratado de observar el comportamiento de la mayor cantidad posible de extranjeros, porque no quiero proponer a tal o cual extranjero, emigrante o inmigrante, sino lo que los acomuna, o sea esa filosofía que acá o allá, uno y otro tienen que desplegar, para hacer frente a esa situación crucial de su vida, que es tener que desarrollarse fuera de su propio país.

Y propongo mucho más todavía: una visión del extranjero que no es la de un problema, sino más bien la de un maestro de vida. Y esto no es una engañifa, sino una realidad perfectamente cerciorada.

Espero simplemente haber logrado medianamente mi cometido. Y me conformaría con saber que algún lector diera, si no más, cabida a la idea de que puede haber otro modo de ver a los extranjeros.

Extranjero de nacimiento

Para poder hablar de extranjeros es preciso definir claramente qué entendemos con esa acepción ¿Quién es extranjero?¿El que procede de otro país? ¿El que no tiene nuestra misma ciudadanía, a pesar de que tal vez nació y se crió en nuestro país? ¿El que no habla nuestra lengua o la habla mal, como un idioma aprendido, que no es su lengua maternal? ¿El forastero, que tiene nuestra misma nacionalidad, habla nuestra misma lengua, pero proviene de otra región, más o menos cercana, de nuestro país?

Cada una de estas posibilidades encierra buenas razones para que le apliquemos el concepto clásico de extranjero. Pero sabemos que nos quedamos cortos, que hay algo más profundo.

Camus, en su novela intitulada justamente "El extranjero", nos presenta un personaje que es un ser indiferente a la realidad porque ésta le resulta absurda e inabordable. El progreso tecnológico lo ha privado de la participación en las decisiones colectivas y lo ha convertido en *"extranjero"* dentro de lo que debería ser su propio entorno.

El progreso, a veces frenético, y el cambio de la mentalidad de una buena parte de la sociedad, a veces brusco, como ocurrió, por ejemplo, en lo que vivimos los de nuestra generación y que conocemos como el 68, nos hacen sentir, de alguna manera, extranjeros en nuestra sociedad. Y sin ir a esos extremos, no cabe duda de que el simple pasar de los años nos hace sentir extraños a los nuevos conceptos. Aquello de que todo tiempo pasado fue mejor no es más que una confirmación de nuestro sentirnos extranjeros ante las nuevas generaciones.

El título que encabeza este capítulo no lo elegí por acaso. Puedo afirmar que ninguna otra definición podría explicar mejor la historia y el resultado de mi vida, porque provengo de un país cuya población, cuando yo era niño, estaba compuesta de más de 50% de extranjeros, y porque pasé más del 50% de mi vida en el extranjero y asistiendo a extranjeros.

Nací en Las Varillas, una pequeña ciudad de la Pampa Gringa Cordobesa. Y para los que no lo sepan, llamamos Pampa Gringa a una región que se extiende por varias provincias argentinas, Buenos Aires, Santa Fe, Córdoba y La Pampa. En las últimas décadas del siglo diecinueve y las primeras del veinte, esta región fue colonizada por un contingente de campesinos europeos o gringos, como solemos llamar en mi país a los europeos que no hablan lenguas ibéricas. En el caso de mi ciudad se trataba de piamonteses.

En el cincuenta y cinco, cuando yo tenía quince años de edad, mi familia se mudó de Las Varillas a San Francisco, cabeza del departamento. La población que allí encontré no era muy diferente de la de mi pueblo. Contaba también con un ochenta por ciento de piamonteses, aunque algo más argentinizados, gracias a que esa ciudad había ya alcanzado un desarrollo industrial que por entonces aun no se había extendido a la campaña.

El primer día en que fui a la nueva escuela llevaba alpargatas. Era el calzado que en mi pueblo usábamos casi todos los muchachos para ir a la escuela. No así en la ciudad y mis nuevos compañeros se mofaron de mí. Yo comprendí entonces que no estaba más en mi casa y que tenía que empezar a adaptarme a un mundo nuevo.

Nació así mi primer conflicto psicológico con la condición de extranjero. Me sentía incómodo frente a los otros muchachos, que se movían con desparpajo en un mundo que me era todavía extraño y que, muy a pesar mío, lo comparaba con mi pueblo y me parecía tan desarrollado. Traté de disfrazar mi malestar con el siguiente razonamiento: era verdad que yo venía de un pueblo de campesinos, pero la ciudad a la que había venido no era mucho más que la cabeza de ese departamento de campesinos. Me acuerdo que empecé a llamarla chacra (granja) asfaltada y que al hablar exageraba mi tonada provinciana, porque había notado que el acento de Las Varillas era más cordobés, más criollo, mientras el de San Francisco era más santafesino, más gringo.

Por aquellos años, el contacto con el fermento cultural del país había despertado en nosotros un fuerte orgullo nacionalista, que nos llevaba a avergonzarnos de nuestros padres, ya que hablaban en piamontés y chapurraban el castellano y seguían siendo un símbolo del mundo campesino. Y a pesar de que los chacareros (granjeros) eran originariamente los fautores de ese fermento de futuro que vivíamos, comparados con los pueblerinos, seguían siendo un aparente baluarte de la incultura. En realidad, la mayor parte de la población de las ciudades y los pueblos de nuestro departamento no era diferente de la del campo. Pertenecía a la primera o segunda generación nacida en Argentina. Sin embargo, aparte de que la proporción de criollos era levemente superior, se había emancipado más de la identidad inmigratoria. Tanto es así que acostumbrábamos llamar gringos casi exclusivamente a los chacareros, porque éstos, además de las tradiciones, conservaban también el acento extranjero.

Recuerdo cuantas veces me avergoncé de que algún compañero mío oyera a mi madre hablando en piamontés o pronunciando mal el castellano. Tener en la familia a alguien que hablase con acento extranjero significaba correr el riesgo de oírse llamar con el apelativo de gringo.

Hasta mil novecientos sesenta, solía volver al pueblo todos los años para las vacaciones. Ya entonces notaba que la diferencia con mis parientes y amigos que se habían quedado era cada vez más profunda. Después me fui del país y viví en Brasil, Italia, España y Alemania, con un intervalo de algunos años en Buenos Aires. En el ochenta y seis, después de una ausencia casi ininterrumpida de dieciséis años, volví a mi ciudad y me quedé unos días.

Entre los conocidos que se me presentaron, vino también una mujer, que ahora vivía en la que había sido nuestra casa. Me invitó a visitarla y acepté. Entré en la casa con gran emoción. Todavía quedaban algunos rincones intactos. Pero, a pesar de que en esos días me asaltaba una oleada de recuerdos de la infancia, no me pude imaginar en esos rincones. La casa de mis sueños no era ésa. Pero me daba cuenta de que en realidad el que había cambiado era yo, hasta el punto de verme extranjero aún en el pueblo natal.

Entonces reví toda mi vida y llegué a la conclusión de que ni siquiera en mi infancia había sido autóctono. No, yo ya había nacido en una familia que era extranjera, no en los registros, pero sí en la vida diaria. Hablábamos en extranjero, pensábamos como extranjeros y vivíamos del recuerdo de una tierra extranjera, de la cual conocíamos sólo los relatos de nuestros abuelos, pero que era más nuestra que el mismo territorio del país en el que habíamos nacido. Desde niños habíamos tenido que esforzarnos para hablar bien un idioma, que no era el mismo del hogar y que, si queríamos dominarlo, teníamos que abstraernos de nuestras concepciones lingüísticas, y para adquirir una cultura que nos era extraña y que nos llevaba a rechazar la hogareña como primitiva y a despreciar a nuestros mayores y a sus costumbres. En síntesis, cada vez que mis compañeros de juego, de escuela o de trabajo me habían llamado gringo, yo había sido extranjero. Había nacido tal y continuaba siéndolo.

Mi extranjeridad me había condicionado. En la niñez me había avergonzado de mi madre por su acento y por el temor de que mis compañeros me descubrieran más gringo de lo que trataba de parecer yo, hablando con un acento fuertemente lugareño. Aquello no había sido muy diferente de cuando, más adelante, había tenido que esforzarme para asimilarme a los autóctonos de cada lugar donde había vivido.

En efecto, todo mi modo de ser y de pensar estaba estrechamente vinculado con mi condición de extranjero. De ella derivaba mi concepción de la vida, mi cosmovisión. Tanto era así que si tuviera que darle un nombre, tendría que llamarla: la filosofía del extranjero.

En este sentido, un joven ítalo-sudamericano radicado en Alemania, que por ser rubio y dominar perfectamente el idioma, puede pasar sin más por un alemán, me decía tiempo atrás que nunca deja de dar a conocer su proveniencia, no por orgullo nacionalista, sino porque considera que su condición de extranjero es un dato concreto de su posición cultural. Dicho con otras palabras: el hecho de que sepa vivir como un alemán no significa que él lo sea.

Muchos extranjeros pueden lograr una inserción casi total en la nueva comunidad a la que emigraron, pero esto sucede gracias a que se esfuerzan para asimilarse a los autóctonos.

Ahora bien, cuando alguien se enfrenta con una nueva sociedad que desconoce y quiere adaptarse a ella, tiene que echar mano de todos los medios que tenga. Y puesto que para este caso lo que posee es nada más ni nada menos que lo que ha aprendido en su propia sociedad, vale decir que tendrá que echar mano de su propia cultura para elegir los instrumentos que le permitirán analizar la nueva, para adaptarse a ella.

Todo esto es algo que llevo muy hondo en mi modo de proceder después de haber tenido que vivir en tantos países diferentes y haber debido adaptarme a tantas culturas.

Para ello tuve que desarrollar un método que fuera idóneo para esa especie de mimetismo. Y en un principio creí que ese método era exclusivamente mío, hasta que me di cuenta de que no distaba mucho del que habían desarrollado tantos otros extranjeros de muy diferentes proveniencias y radicados en muy diferentes países, con los cuales estuve en contacto y quienes, entre curiosas anécdotas, a veces cómicas, otras dolo-

23

rosas, pero que a través del tiempo resultaban tragicómicas, me contaron su experiencia.

Esta constatación me condujo al estudio de dicho método y posteriormente a la decisión de recoger y presentar sistemáticamente las reglas de vida que todos nosotros tuvimos que adoptar para poder vivir como extranjero en tantos países tan diferentes por su geografía y su cultura, o sea, descubrir los arbitrios con que la mayoría de los extranjeros hacen frente a esa situación crucial que es la emigración.

¿A quién le puede ser útil? Ésta fue la pregunta que me surgió espontánea no bien decidí abocarme a este trabajo ¿A los que tienen que vivir en el extranjero? ¿A los que trabajan en relación con el turismo, el comercio, las relaciones culturales internacionales? ¿O en cambio puede servirles a todos, aun a aquéllos que crecieron y se desarrollaron en el país en que nacieron y no piensan abandonarlo ni tienen nada que ver con el exterior ni con los extranjeros?

Todos somos extranjeros

Tratando de dar una respuesta a estas preguntas, me di cuenta de que ella estaba condicionada por dos consideraciones que yo daba por descontadas, pero que tal vez no eran tan obvias para todos.

1) Todos somos de alguna manera extranjeros, aun en la sociedad a la cual creemos pertenecer.

24

2) La cosmovisión del extranjero es tan positiva, sea para el desarrollo de la propia personalidad, sea para la sociedad, que a todos les podría ser útil conocer sus elementos esenciales.

Y no me parecen dos consideraciones gratuitas. Por lo que hace a la primera, la condición de extranjero del hombre en este mundo, es la base de casi todas las religiones y sobre ella concuerdan muchos pensadores. Se puede sintetizar en la última oración de Jesús a su Padre. En ella, hablando de los discípulos, dice: *Están en el mundo pero no pertenecen a él* (Jn. 17,11 y 16). Y evidentemente, a pesar de las tentativas históricas de atar al hombre al materialismo terreno, éste ha demostrado y sigue demostrando una definida tendencia a trascender, a buscar un paraíso perdido que no conoce, pero que añora como si fuera su verdadera patria.

Toda la historia describe una continua migración. Es más, la Biblia pone en la boca de Dios, antes de cualquiera manifestación humana, la orden de emigrar: *llenad la tierra*. Y si nos detenemos en particular a observar la historia de cada uno de los países, no podríamos dejar de ver que de los movimientos migratorios generalmente nace el progreso, mientras que el aislamiento de los pueblos da origen al estancamiento y al atraso.

Un ejemplo lo tenemos en mi país, Argentina, en el cual la inmigración masiva, por más que fuera de gente de escasa preparación cultural, significó un desarrollo fulgurante. Edmondo De Amicis, en su libro *In America*, comenta sorprendido una reunión en un pueblo de inmigrantes, en la que esos campesinos italianos, que en su patria no se hubieran animado

25

a abrir la boca en público, aquí discutían sobre los programas de la escuela local. Y me animaría a afirmar que una de las causas del subsiguiente estancamiento económico fue el hecho de que las generaciones nacidas en el país perdieron la actitud de inmigrantes de los abuelos, y por consiguiente, la organización basada en colectividades nacionales (recuerdo las Sociedades Españolas o Italianas de cada pueblo), sin haber adquirido por otro lado una propia identidad y organización.

Ahora bien ¿se puede hablar de una mentalidad, filosofía, psicología, cosmovisión o postura aplicable al comportamiento de los migrantes en general?

No hay dudas de que no toda migración asegura sólo un desarrollo positivo y que no todos los extranjeros adoptan la misma actitud, como también es verdad que no todos tienen los mismos motivos para dejar el propio país (carestía, destierro político o religioso, deseos de aventuras) ni persiguen las mismas metas en el país de llegada (progreso económico, trabajo, estudios, libertad). Sin embargo he notado que, tanto en lo positivo como en lo negativo, hay elementos comunes en la actitud con que todos los extranjeros hacen frente a su propia realidad.

Tampoco hay dudas de que la estima hacia los extranjeros varía mucho, sea en las poblaciones de origen, sea en las de acogida, y va desde el aprecio hasta el desprecio, del reconocimiento a la ignorancia, de la aceptación a la incomprensión o al fastidio, por no decir la condena.

Hace quince años llegué a Suiza, donde todavía sigo ocupándome de la asistencia a inmigrantes de habla española y portuguesa. Apenas llegado noté que en nuestra colectividad española había una mala idea sobre la palabra extranjero, no les gustaba ser llamados tales. Eso me extrañó, pero pronto comprendí que ese poco aprecio no era exclusivo de los españoles. En la misma Iglesia católica, las misiones extranjeras estaban, y siguen estando, clasificadas como misiones lingüísticas, casi como si fuera sólo una cuestión de lengua y no de tradición diferente.

Probablemente sea Suiza el país europeo con el más alto porcentaje de extranjeros, casi un veinte por ciento y en algunas ciudades incluso treinta a cuarenta por ciento. Esto significa que la población suiza vive en un continuo contacto con extranjeros, lo que debería suponer una pasable comprensión del fenómeno de la inmigración, con sus inevitables consecuencias de demostraciones culturales foráneas, mala utilización de los idiomas locales, religiones diferentes o diferentes manifestaciones de las mismas religiones de los suizos y otras. De hecho, en gran parte es así y hasta hace poco se hubiera dicho determinadamente que el pueblo suizo aceptaba pacíficamente la elevada cuota de inmigrantes. Así mismo es necesario remarcar que hasta el momento no hubo en Suiza ningún conflicto violento, como los que se dieron en Alemania, Francia, y acabamos de vivir en Italia, con el triste caso de Rosarno.

Pero el reciente voto popular contra los alminares sorprendió, no sólo al mundo occidental, sino a muchos suizos. Sin embargo cualquiera que se hubiera detenido a analizar imparcialmente el criterio oficial de trato con los extranjeros, habría tenido que reconocer que, en parte, eso no era más que cosechar lo sembrado en las últimas décadas de constante inmigración.

27

En los primeros años de mi estadía en este país concurrí a un encuentro sobre la integración de los extranjeros en Suiza, creo que organizado por el gobierno federal. Se trataba de proponer una campaña de proyectos para favorecer la integración. No recuerdo mucho lo que allí se dijo, pero hubo algo que me llamó la atención. Estaban presentes los representantes de casi todas las colectividades extranjeras y todos parecían entusiasmados con lo que las autoridades nacionales y cantonales proponían. No hubo uno sólo que pareciera percibir la evidente situación, casi diría inhumana, a la que sometían las leyes federales y cantonales a una buena parte de los inmigrantes, para concederles el derecho de trabajar en Suiza. Cuando yo pretendí hacer entender que no se podía hablar de buena fe y voluntad de integrar a los inmigrantes de parte del gobierno, mientras persistían las leyes discriminatorias existentes, no hubo nadie que lo entendiera. Me di cuenta de que la injusticia, que se venía aplicando desde décadas, se había vuelto normal, aceptable y justa, sólo por el hecho de que era legal.

Ya en el año 1964, viajando en tren a Alemania, había presenciado algo que me causó horror y mucha pena. En Chiasso, la policía de frontera suiza había hecho bajar del tren a mujeres y niños italianos, permitiendo la entrada en el país solamente a los hombres, maridos y padres de los rechazados. Las leyes que permitían esta actitud siguieron hasta el año1998. En pocas palabras, todo inmigrante (hombre o mujer) recibía durante cinco años un permiso de estadía "A", por el cual podía trabajar sólo nueve meses, al cabo de los cuales tenía que volver a su país por los otros tres meses que completaban el año. Durante esos cinco años, no tenía derecho a hacer entrar al país a su cónyuge e hijos. Pagaba sus impuestos, pero si perdía

28

el trabajo antes del noveno mes, lo más seguro era que debía volverse y no tenía derecho de cobrar el paro. Pasados esos cinco años, recibía por otros cinco años un permiso "B", que duraba un año, pero era automáticamente renovado, siempre que mantuviera trabajo. Con ese permiso "B", podía traer a toda su familia, siempre que los hijos no fueran mayores de 18 años. Sólo al cabo de diez años, desde el primer permiso, obtenía el "C", que ya era definitivo. Esa separación inhumana de la familia nunca fue considerada injusta. Y esta actitud no era muy diferente de la de la mayor parte de los países europeos.

Desde 1986 hasta 1993 me ocupé de la asistencia de extranjeros en Italia, en la región de Piamonte. Eran años en que el país se enfrentaba con una oleada inesperada de inmigrantes, entre descendientes de emigrantes italianos y extracomunitarios. La sociedad italiana se veía convulsionada; el país de emigrantes se convertía de repente en país para inmigrantes. La población que nunca había llegado a comprender completamente a sus emigrantes, no podía comprender ahora a estos extraños inmigrantes. En 1990 publiqué el trabajo del que hablo en la presentación, pequeño pero muy bien documentado, para tratar de hacer conocer a los piamonteses las vicisitudes de la más numerosa colonia de sus paisanos en el mundo, la de la Pampa Gringa. Pensaba que si se daban cuenta de lo que había significado esa emigración para la tierra de destino y los beneficios que ellos mismos habían recibido de esos emigrantes, comprenderían mejor el nuevo fenómeno de la inmigración.

Pero los europeos no estaban históricamente preparados para asumir con comprensión cualquiera inmigración. Todos los

29

países están divididos en regiones poco amalgamadas, sea por la diversidad de lenguas, sea por las confesiones religiosas, sea por las costumbres, sea porque sus poblaciones no siempre se simpatizan mutuamente. La llegada masiva de extranjeros significó casi siempre una invasión armada, una conquista, o por lo menos una competencia desleal con los aborígenes, creando muchas veces una guerra entre pobres, por mano de obra barata, que desplazaba a los obreros locales.

Por eso, cuando el boom industrial obligó a varios países (Alemania, Suiza) a tener que "importar" obreros, lo hicieron no como una necesidad de fuerzas que faltaban en la población local, sino como un favor que les hacían a desocupados extranjeros de conseguirles un trabajo. En Alemania se los llamó *Gastarbeiter* (trabajadores huéspedes), como si fueran visitas a los que se les permitía trabajar.

En Suiza también se promulgaron leyes, en las que más se veía lo que se les concedía a los inmigrantes que los derechos que éstos tendrían en la sociedad. Así los permisos "A", "B" y "C" tenían el objetivo final de mantener la necesaria distancia entre el trabajador extranjero y los derechos sociales de la población local. En una audiencia del tribunal de Porrentruy, contra un joven español, raterillo reiterado y drogadicto, a quien se le debía sentenciar repatriación, el juez leyó una carta que yo le había mandado, en la que pretendía hacerlos reflexionar sobre el hecho de que lo que ellos llamaban repatriación era más bien expatriación, puesto que ese joven había crecido, estudiado y trabajado en Suiza, y sus padres habían trabajado y pagado impuestos por más de veinte años. De más está decir que el joven fue "repatriado".

Estas reflexiones que acabo de hacer son el motivo de este trabajo. Partiendo de mi propia experiencia y de la de millares de emigrados y desterrados que he conocido a lo largo de mi vida en los diferentes países en los que he vivido, todos provenientes de diferentes países y culturas y con diferentes motivos y metas, trataré de exponer ordenadamente los trazos comunes de la mentalidad que nos guió para lograr abatir las barreras culturales, afirmarnos en la nueva sociedad, aprovechar lo más posible lo positivo y evitar lo negativo, sea de la cultura de origen, sea de la de llegada y finalmente desarrollarnos y desarrollar nuevas realidades.

Hacia el desierto o hacia la tierra prometida

El encabezamiento de este capítulo sugiere una explicación a lo que vamos a tratar en él. Nos referimos al éxodo del pueblo hebreo, tal como lo narra la Biblia. Los hebreos, mientras dejaban Egipto podían tener dos metas: una remota, teleológica, que era la de llegar a la tierra prometida; otra inmediata, concreta, que era la de internarse en el desierto.

Trataremos en este capítulo de dejar bien claras algunas ideas sobre las diferentes maneras de vivir la condición de extranjeros y las diferentes respuestas posibles de las comunidades de llegada.

Desterrados y emigrantes

Nada de lo que es humano es absoluto. Por lo tanto, no existen tipos de extranjeros perfectamente enmarcados ni se me ocurre proponer una clasificación. Sin embargo, con el único fin de adoptar una nomenclatura útil para este trabajo y sin ningún valor conclusivo, como no sea el de dar un nombre a las opuestas actitudes (negativa y positiva) de los extranjeros, me atrevo a formular una. Y dejando de lado las odiosas formas, todavía no desaparecidas, de los invasores y de los prisioneros y esclavos, mi experiencia me sugiere distinguir dos tipos perfectamente individualizables, ya sea por los motivos de alejamiento del lugar de origen y las metas fijadas, ya sea por la acogida de parte de la sociedad de llegada:

- **los desterrados-refugiados,**

- **los emigrantes-inmigrantes.**

A mí me ha tocado vivir ambas experiencias y estuve en contacto con muchas personas que las compartían. Por eso quiero aclarar de inmediato que la diferencia, más que una realidad física, es una condición psicológica. Muchos desterrados, una vez en el país de asilo, se vuelven inmigrantes. Algunos emigrantes no llegan a adaptarse al país de acogida y terminan por sentirse desterrados, nunca refugiados. Reitero entonces que esta distinción, que en lo futuro usaré frecuentemente, es más bien un expediente útil para la finalidad de mi trabajo.

Desterrados-refugiados

Cuando se habla de desterrados, lo primero en que se piensa es en la coacción, las más de las veces injusta, que motivó su alejamiento de la patria. Recuerdo que en el segundo encuentro de los Cristianos Latinoamericanos en el Exilio (C.L.E.), que se llevó a cabo en Bruselas en el año 1982, un joven chileno dijo estas palabras: "Cuando nos expatriaron, quisieron condenarnos a la peor de las penas. El exilio es peor que la muerte, porque es una especie de muerte en vida". Y en efecto,

33

no se equivocaba mucho. Las mismas palabras destierro y exilio (de exsilium, de exsul: ex solo) encierra ya el concepto de arrancar a alguien del suelo, como quitándole la tierra de debajo de los pies, separándolo de todo lo que hasta ese momento significó la vida. Desgraciadamente, en la década del ochenta tuve un suficiente y doloroso testimonio del horror del destierro, al tener que saber del suicidio, la anulación psicológica, el bloqueo mental, en los que cayeron tantos desterrados latinoamericanos, que tuve ocasión de conocer o de quienes oí hablar a nuestros conterráneos.

Buena parte de la desesperación del desterrado tiene origen en su convicción de que la condena que está sufriendo es injusta, motivada las más de las veces por haber trabajado por el país del que ha sido expulsado, con la intención de crear mucho de positivo, por lo menos de acuerdo con sus ideas.

Consecuentemente puede considerar que de ninguna manera está obligado a adoptar las costumbres de la nueva sociedad en la que ha tenido que buscar refugio, ni aceptar la idea de establecerse en ella. Por lo contrario, espera siempre el momento propicio para volver a su patria. Para eso trata de mantener contactos y de continuar actuando en ella a distancia y llega a veces a formar verdaderos gobiernos en exilio.

Tiende a aislarse y a formar grupos con los compañeros de pena y sólo se abre a la nueva sociedad, en la medida en que ésta se muestre interesada por los problemas que causaron el destierro, se esfuerce por mostrarse solidaria y le tienda una mano. Pero aún en estos casos, las mismas ventajas que se le ofrecen de mayor libertad de acción, simpatía por sus opiniones, interés por la causa, no siempre son suficientes para inducirlo a aprender el idioma, adaptarse a las costumbres, interesarse por los problemas locales y menos todavía, aprovechar la estadía en el lugar para analizar posibles nuevas cosmovisiones y redimensionar la propia. Al contrario, por lo general se empecina en sus propias ideas sociales, porque la injusta condena del destierro no le ha permitido aplicarlas hasta sus últimas consecuencias y comprobar así si eran valederas o no.

Por otro lado, la actitud de la sociedad que concede el asilo generalmente es protectora. Para ella el refugiado es una prueba de su propia bondad, un argumento para afirmar al mundo: nosotros no somos como los que lo han desterrado o como los que no se han mostrado solidarios.

En algunos países hay o por lo menos hubo gigantescas organizaciones que se ocupan del que pide asilo, el cual queda desde el primer momento bajo la tutela del estado. Recuerdo que en Alemania, en el tiempo en que estuve allí, desde el 1980 hasta el 1985, mientras no hubiera obtenido una decisión favorable del juez que estudiaba su pedido, no podía trabajar, pero era mantenido por la asistencia social (Sozialamt) de la ciudad en la cual tenía residencia. Si el proceso duraba más de dos años, y yo conocí casos que se arrastraban más de cinco, entonces se le permitía acceder a un puesto de trabajo. Inmediatamente después de la decisión positiva del juez, recibía el pasaporte para refugiados según la Convención de Ginebra, con derecho de residencia permanente y prerrogativas muy similares a las de cualquier ciudadano alemán. En Suiza la situación de los que pedían asilo en años pasados era muy buena. Hablo de años pasados, no porque hoy no lo sea, sino porque desconozco la situación actual y me refiero sólo a la del tiempo en el que me tuve que ocupar de varios solicitantes

35

de asilo, sobre todo en lo que hacía a sus expedientes. En el caso de obtener el asilo (más o menos un diez por ciento de los solicitantes), el estado les daba bastante más de lo necesario para vivir, y diría bastante más de lo que cualquiera ganaría con el trabajo. Cito por ejemplo el caso de un hombre, que una vez obtenido el permiso de estadía, decidió buscar trabajo, a pesar de que hechas las cuentas, iba a tener que ajustarse, él y su familia, a una vida mucho menos holgada de la que podía tener, si se quedaba al amparo de las prestaciones estatales.

Así mismo, entre la población la estima hacia los refugiados es completamente diferente de la que se tienen para con los inmigrantes, no sólo porque en general el nivel cultural de los primeros era más elevado, sino sobre todo porque su presencia habla de la bondad del pueblo que los acoge.

Los problemas surgidos en estos últimos años en Alemania y en Suiza, no significaron un rechazo de la población a los refugiados, sino más bien, hacia una ley exageradamente amplia, porque permitía que entraran en el país demasiados extranjeros, invocando una falsa necesidad de asilo político y entre proceso, dictámenes y apelaciones, permanecieran años, aun en los casos en los cuales se preveía una segura negativa del derecho de asilo, por falta de motivos válidos.

Emigrantes-inmigrantes

36

Son muy diferentes, en cambio, los motivos de partida, las metas y la actitud de los emigrantes-inmigrantes, como así también la reacción que provocan en las comunidades de llegada.

La diferencia de motivos de partida se puede resumir en la libre decisión de alejarse de su patria, a veces con una amarga desilusión o desesperanza, en relación a las posibilidades de futuro que ésta ofrece.

En algunos casos la falta de futuro es provocada por la injusticia del gobierno y la marginación política, religiosa o económica de algunos sectores, y entonces, se puede hablar de constricción indirecta. Sin embargo, aun en estos casos la respuesta a estas condiciones de injusticia y de marginación no tiene por qué ser obligatoriamente la emigración.

En otros casos los motivos se basan simplemente en la simpatía por una cultura diferente, la idea de que en otro país haya mejores posibilidades para desarrollar una tarea específica, o mucho más simplemente aún, en el deseo de aventuras o la curiosidad de mundo.

Pero sea como sea, la opción por la emigración es siempre libre y está siempre motivada por una cierta insatisfacción con el propio país y el deseo de encontrar mejor futuro en otro.

En la misma medida, también las metas son diferentes. El emigrante parte en busca de lo que la patria no puede darle. Tiene ansias de futuro. No tiene miedo de hacer cualquier trabajo, con tal de que le rinda lo necesario para instalarse en el nuevo país. Uno de los primeros comentarios que he escuchado hacer a los argentinos, cuando hablan de sus compatriotas que han emigrado a Estados Unidos o Europa, es que en los países de llegada se adaptaron a trabajos que en su patria jamás habrían hecho. Y estos mismos emigrados lo confirman. La diferencia, dicen, es que mientras en su patria, ejerciendo la propia profesión, no les alcanzaba para vivir, en los nuevos países, con un trabajo de categoría inferior, pueden vivir bien. Pero añaden casi siempre que ésa es una estrategia circunstancial. Una vez instalados, tratarán de abrirse camino en su profesión.

Estos propósitos dan sentido a todos los esfuerzos para introducirse en la nueva sociedad. Aunque sigan teniendo relación con la patria, van trasladando su interés del país de origen al de llegada, hasta el punto de que a veces exageran el acento, los conocimientos, las costumbres, para volverse lo más parecidos posible a los lugareños y evitar así que los señalen como a diferentes.

La mayoría de los emigrantes tienen, aunque más no sea, una vaga idea de lo que les espera en el país de llegada. La idea que tienen no siempre corresponde a la realidad, pero sin embargo, no ignoran que van a tener que estar dispuestos de antemano a adaptarse a un modelo de sociedad diferente de la suya, y están medianamente convencidos de que su éxito dependerá en gran parte de cuan intensamente se asimilen.

Pero aquí, contrariamente a lo que se da con el refugiado, la actitud de la sociedad acogedora tiende más bien a la desconfianza. El inmigrante es siempre un competidor en el mercado del trabajo. Mientras se limite a las tareas humildes que nadie quiere hacer, vaya y pase, se lo soporta como a un mal necesario. Pero en el momento en que aspira a los mismos puestos de los lugareños, demostrando a veces una capacidad igual o superior, entonces se vuelve un injusto obstáculo. Y tratándose de los beneficios sociales, se declara una verdadera guerra entre pobres y se enarbola la bandera de la salvaguarda de la sociedad local. Se tiende a culpar a la presencia de los extranjeros de la falta de viviendas, de puestos de trabajo, de servicios sanitarios, de bienestar. Ni siquiera los países de alta tradición inmigratoria se salvan de una actitud discriminatoria hacia los recién venidos. A veces los mismos inmigrantes ya instalados o sus hijos los obstaculizan. Hace unos años escuché, con gran estupor, la respuesta de una asistente social italiana en Alemania. Entrevistada sobre unos episodios de xenofobia ocurridos en ese entonces, cuando el periodista le preguntó cuáles eran los problemas de los italianos en Alemania, ella respondió: los recién inmigrados.

Una cosa es cierta. El que quiere abrazar la condición de extranjero, debe hacer frente a grandes dificultades. Tener que insertarse en una sociedad y por consiguiente, en una cultura diferente de la propia, lo obliga a hacer análisis y conjeturas, a tomar recaudos, a fijarse programas, a valorar lo que le puede ser útil y apartar lo que no, tanto de su cultura como de la nueva. En fin, tiene que desarrollar una filosofía de la vida que llamaremos filosofía del extranjero, que será el argumento de este libro y que explica la segunda de las consideraciones de las que se habló al principio del capítulo anterior, o sea que la cosmovisión del extranjero es tan positiva, que a todos les podría ser útil conocer sus elementos esenciales.

La emigración, al fin y al cabo, no es más que una de las tantas situaciones cruciales en las que puede encontrarse un individuo, a lo largo de la vida. Sin embargo, a diferencia de otras, ésta tiene una característica muy especial. Aunque reserve sorpresas imprevisibles, fue elegida y aceptada de antemano y por lo tanto, se va a su encuentro con plena conciencia.

Ahora bien, por lo general cualquier situación crucial de la vida presenta cuatro etapas que tienen que ser superadas:

1) En la primera etapa, el individuo no sabe cómo actuar, no puede creer ni aceptar que algo haya cambiado en su vida.

2) En la segunda, se da cuenta de que, mal que le pese, realmente hay algo que ha cambiado. Empieza a notar las diferencias de su realidad actual, pero añora el tiempo en que él se sentía seguro entre las cosas que dominaba, y como tiene miedo de lo nuevo, trata de seguir viviendo como si no hubiera pasado nada.

3) En la tercera se decide a dar la cara a la nueva realidad. Pero cree ya haber comprendido todo y no se da cuenta de que todavía está dependiendo de muchos prejuicios, que lo llevan a fallar en su tentativa.

4) Hasta que finalmente logra entender la nueva situación. Trata de armonizar lo nuevo con su experiencia pasada y ve todo desde una perspectiva más madura y constructiva.

La emigración es una situación crucial que el individuo acepta como tal y la enfrenta predispuesto a superarla. Por lo tanto de las cuatro etapas ya ha superado la primera, porque intuye que

40

no sólo algo, sino mucho, por no decir casi todo, va a cambiar en su vida. En cuanto a la segunda, también sabe que ciertamente va a añorar lo que deja y por mayores noticias que tenga de la nueva realidad hacia la que marcha, siempre le queda una incógnita de cómo será, de cómo tendrá que actuar y de cuánto podrá conseguir. Se encuentra, por lo tanto, en la tercera etapa y su única salida es, no sólo buscarles una solución a las dificultades, sino volverlas constructivas, transformarlas en impulsos positivos.

Ahora bien, la condición de extranjero, directa consecuencia de la emigración, es una situación duradera. Esto hace que el inmigrante asimile de manera permanente el modo con que afronta estas etapas, los recaudos de que se vale, el camino que recorre para alcanzar la última etapa constructiva. Y el resultado es que sus esfuerzos, de tanto repetirse, se transforman en las columnas de su cosmovisión y dejan de ser experiencias, para volverse conceptos vitales, modos de enfocar cualquier situación, crucial o no, de la vida. Eso es lo que entendemos por filosofía del extranjero.

Por eso trataremos de analizar las experiencias de millones de extranjeros, que en todos los países del mundo, han tenido que crearse su propia utopía, Tierra de Jauja, Schlaraffenland, Paese di Cuccagna, el soñado El Dorado, teniendo en cuenta que eso no fue un sueño o un regalo de la suerte, sino el fruto de una cosmovisión abierta, por encima de los condicionamientos sociales y culturales.

Decimos experiencias, porque nos limitaremos a las vivencias de esos extranjeros, para estar completamente seguros de que se trata sólo de conceptos prácticos y probados. Es claro que sirven de base las aserciones generales de la psicología, que son el resultado de la búsqueda y la meditación de pensadores cuyos escritos no estarán citados en este trabajo, porque de ellos tomaremos solamente lo que ya forma parte de nuestro bagaje conceptual. Muchos párrafos, por lo tanto, tendrán un sabor de ya leído. Sin embargo, aun en estos conceptos trataremos de ver el modo en que los puede aplicar la mentalidad liberada del extranjero.

Mentalidad liberada a la que tienen que echar mano todos los que sigan los razonamientos de este trabajo, especialmente en lo que hace a ubicar al extranjero en el gran cuadro de la humanidad.

Al principio de este capítulo habíamos identificado dos actitudes de extranjeros, una positiva y otra negativa o sea, por un lado, la de los emigrantes-inmigrantes, a los que corresponde la positiva, y por el otro, la de los desterrados-refugiados, a los que corresponde la negativa. Hay que entender bien esta distinción. La negatividad no está en los desterrados, sino en la que deberíamos llamar postura de desterrado nunca completamente refugiado. Lo positivo está en la postura del extranjero que, siendo emigrante o desterrado, en el país de acogida se dispone a desarrollar un verdadero proceso de inmigración, analizando a la nueva sociedad, introduciéndose en ella y entrelazando todo el bagaje de su cultura de origen con los valores de la cultura encontrada, formando una amalgama de recursos que le permitan realizarse.

Los hombres somos nosotros... y los demás

El hombre es el único ser viviente que tiene conciencia de serlo. Sabe que es y que está, que tiene facultades y limitaciones, tiene conciencia de la seguridad y del peligro, se da cuenta de que sabe y de que todavía puede aprender más, de que tiene certezas, pero que, asimismo, puesto delante de nuevas evidencias, puede cambiar de opinión. Atisba que está condicionado por una sociedad y una tradición, a las que más que adaptarse, se acomoda automáticamente. Y al mismo tiempo siente, con mayor o menor fuerza, un deseo de trascendencia, una necesidad de más allá, una angustia de sentirse extranjero en un mundo que siempre le reserva facetas por descubrir. Vive, en fin, un conflicto de sentirse prisionero de su propia naturaleza y sin embargo anímicamente libre.

Tiene conciencia de ser superior, dueño de la tierra, pero a la vez limitado. Esto lo obliga a crearse un mundo completamente suyo, en el cual espera poderse sentir seguro. Eso no puede lograrlo solo o solamente con su propia familia. Entonces recurre a la estructura de clan, pueblo, nación, raza, patria, compañeros de vida, y establece con ellos, antes que nada, una relación semiológica. Es decir, crea un homogéneo sistema expresivo, Tiende a unificar los criterios, las ideas, las creencias, las reglas éticas, de manera que todos sepan guardar el propio lugar, sin provocar inseguridad en los demás.

Este mundo no está forzosamente sujeto al territorio, a pesar de que éste sea muy importante. Es más, parecería que los pueblos nómades son los que conservan mayor unidad de tradición, casi como si quisieran, de ese modo, mantener compacto el concepto de pueblo, a pesar de los desplazamientos. La patria, en concreto, está donde la propia gente.

Hay lenguas en las cuales los conceptos hombre (ser humano) y miembro del propio pueblo se expresan con la misma palabra. Y la gente de campo argentina usa la palabra cristiano, para decir hombre, en contraposición con animal. O sea que muchos hombres consideran semejantes solamente a los compatriotas o a los correligionarios. Los demás no son animales, pero reciben la misma consideración de éstos. Y esto se debe, no a un cierto egoísmo colectivo, sino más bien, a un mecanismo de la mente humana, que se refugia en una convencional uniformidad de criterios, que sólo se puede lograr dentro del mismo pueblo.

El color de la realidad

Un argentino hablaba a un grupo de italianos sobre un plato típico de su país, que llaman *arroz a la cubana* y les explicaba que consiste en un plato de arroz hervido con arvejas, sobre el cual se sirve una rodaja de jamón, un huevo frito y una banana pasada por huevo y pan rallado y luego freída. Una mujer que lo escuchaba, le hizo una pregunta que jamás él habría esperado, porque no entraba en el cuadro de su organización de las comidas: ¿Pero este plato cual sería, el primero o el segundo? (el primer plato, para los italianos, consiste en pastas o arroz, el segundo en carnes, legumbres y/o verduras).

Esta pequeña historia es ridícula, pero nos presenta un ejemplo de como pueden ser diferentes de un pueblo a otro las soluciones de un problema vital, común a todos los hombres como lo es la comida y a la vez, como puede ser uniforme el modo de organizarse de los miembros del mismo pueblo, o sea, como el planteo es común a todos los individuos de una misma sociedad, hasta el punto de hacer identificar a una tribu o a un pueblo con un modo de vestir, de hablar, de comer, de festejar, de opinar o de creer.

En repetidas ocasiones ha aparecido en las páginas anteriores la palabra *cosmovisión* (visión global de la realidad, Weltanschauung). Es bueno establecer lo que se entiende con este concepto. Sin ir a un estudio exhaustivo, detengámonos a decir dos palabras sobre este criterio de conocimiento, sobre el proceso de su formación y la importancia que tiene en la gnoseología.

En los primeros años de su vida, el hombre percibe de sus padres, hermanos, compañeros de juegos y no por último de la experiencia, imágenes y conceptos que le servirán de base y de paradigma para el aprendizaje futuro. Toda nueva realidad a la que se acerca le propone nuevas cuestiones que él tratará de acomodar a los conceptos que ya domina. En su mente, poco a poco, se va tejiendo una red de esos conceptos e imágenes que, una vez asimilados, van a actuar como términos de comparación, harán de descubridores y clasificadores, se ordenarán mutuamente, elaborarán explicaciones y teorías y se volverán finalmente creencias o criterios de verdad que regularán la relación del individuo y de la colectividad con la realidad.

Ahora bien, todo este proceso tiene su principio en imágenes y conceptos populares (ideas innatas, categorías, revelaciones, mitos, supersticiones, leyendas, creencias), que son comunes a todos los miembros del pueblo y forman su acervo cultural incuestionablemente aceptado, y que una vez elaborados por el individuo, se transforman en sus propios criterios para definir lo que es justo o erróneo y se vuelven clave para los descubrimientos y clasificaciones del aprendizaje futuro.

El hombre, por lo tanto, no puede sin más ni más mirar la realidad con una completa imparcialidad, sino que la acomoda a sus prejuicios, a sus simpatías y antipatías, a su cultura, que no es otra que la de la sociedad a la cual pertenece.

Dicha parcialidad no implica necesariamente completa falsedad, pero tampoco puede tener la pretensión de verdad absoluta. No es más que un criterio para analizar la realidad, pero tampoco es menos que eso. Nadie puede limitarse a su propia manera de ver las cosas, pero tampoco puede prescindir de ella.

Por eso, a esta cosmovisión fundamental se la llama *cosmovisión-instrumento*, porque es el instrumento que la sociedad pone a disposición, para que cada uno de sus miembros pueda asir la realidad que se le presenta. No está solamente formada por imágenes y conceptos abstractos, sino también por elementos concretos, como el idioma con sus características conceptuales, a veces tan diferentes de las de los demás, las referencias geográficas y climáticas, las tradiciones hogareñas, los productos típicos de cada región, las comidas y los vestidos y tantas otras cosas que le sirven al individuo como términos de comparación.

Sin embargo, usando este instrumento y analizando por su medio la realidad, cada uno puede formarse una visión personal, que a veces corrobora la visión tradicional y otras veces la corrige o la niega..

Al resultado de este análisis, esto es a cada visión del mundo, personal, elaborada, crítica, aunque no sea todavía abierta y desapasionada, porque continúa dependiendo de todos esos elementos unilaterales de que se habla en el párrafo anterior, se la llama *cosmovisión-producto*, por ser justamente el producto de una elaboración individual.

Somos lo que somos

Para los europeos es particularmente importante la lengua hogareña, muy a menudo diferente de la oficial y también muy a menudo sacrificada sobre el altar de la uniformidad o de la cultura, condenada como dialecto y generalmente despreciada, con la acusación de ser gramaticalmente desordenada y poco expresiva.

En las últimas décadas del siglo pasado se había desarrollado en Europa un loable movimiento de unificación. Pero muchas veces fue mal entendido y se volvió odioso, porque vaciaba la sociedad de sus valores diferenciales (baste recordar la obligación, en la España franquista, de utilizar públicamente sólo la lengua castellana). En contraposición, nacieron los actuales movimientos regionalistas. Entre ellos se pueden notar dos corrientes. Una, exasperadamente local, casi racista, antepone

47

los intereses de la región a cualquier manifestación extraña y rechaza toda ingerencia cultural, por más oficial y nacional que sea. La otra, abierta a las expresiones nacionales y europeas, sin embargo, valora en la justa medida la cultura popular, con sus manifestaciones lingüísticas, artísticas y tradicionales y le reserva la tarea de fundamento sobre el cual la sociedad regional puede edificar una cultura internacional. Para esta corriente el individuo es tal cual es, una persona nacida y educada en la región, con una cosmovisión aprendida en el hogar y que tiene, por lo tanto, todas las características del propio pueblo. Profundizar el conocimiento de la lengua y la tradición local significa volverlo consciente de su propia realidad y capacitarlo para usar en un modo bien concreto el instrumento con el cual emprenderá la construcción de su cosmovisión personal.

No hay nada que sea más psicológicamente deletéreo, hasta el punto de originar verdaderas crisis colectivas, que la falta de una identidad sociocultural en la cual poderse apoyar. Lamentablemente lo puedo afirmar con conocimiento de causa, porque es el mal de la sociedad argentina en la cual nací y permanecí hasta la edad de dieciocho años.

Este problema de mi pueblo llamó la atención a más de un sociólogo y psicólogo. Pero no fue asumido completamente por el pueblo mismo, a pesar de que hubo años en los que logró la posición de pueblo más psicoanalizado del mundo. En modo concreto fue comprendido y asumido por muchos de los interesados, cuando ellos mismos, unos por el destierro, otros a raíz de la crisis económica, tuvieron que emigrar. En el momento en que también ellos se volvieron tales, comprendieron

48

a los extranjeros de los que descendían. Y esto no es casualidad.

El extranjero es quien mejor puede comprobar el alcance del acervo cultural de su pueblo y su posibilidad de adaptación a las nuevas culturas que debe abrazar. En síntesis, logra comprender que no todo lo que aprendió en su sociedad puede ser mantenido, pero al mismo tiempo comprueba también que no todo tiene que ser despreciado. El mundo no termina en la frontera de su pueblo, pero tampoco comienza allí. Adonde quiera que vaya encontrará mucho para aprender, pero el que aprenderá será siempre el paisano y lo hará desplegando los conocimientos adquiridos en la comunidad de origen. O sea que por un lado, su cultura original será la base sobre la cual podrá construir cualquier estructura conceptual nueva, pero por otro lado, para lograr construir algo valedero, deberá salir del cerco de su propia cosmovisión. Y todo eso se da mediante un proceso de continua reelaboración, de construcción sobre los mismos fundamentos, fortificándolos, ensanchándolos y remplazando las partes que no se sostienen.

Esta es una actitud que, es de suponer, no encontramos entre los que se sienten desterrados, los cuales consideran que su condición de extranjeros en la nueva sociedad es un castigo que injustamente se les ha impuesto. Y no creo que alguien pueda admitir que de un castigo injusto surja algo de positivo. Tampoco la encontraremos en los colonizadores, que se consideran siempre generosos portadores de civilización, con la obligación de enseñar, no de aprender. En cambio el emigrante, que va en busca de un mundo mejor, sabe que tiene que utilizar todas sus habilidades, su preparación, su astucia, su capacidad de adaptación, para encontrar lo que desea. Su misma decisión de emigrar comienza por la aceptación de que en otros países existen valores positivos y lo ubica ya en la condición de un eterno aprendiz y al mismo tiempo, de verificador práctico del valor de lo ya aprendido.

Jesucristo habló de volverse niños, de renacer para merecer entrar en el reino. Todo el Cristianismo ha insistido durante dos mil años sobre este tema. Sin embargo, en el Evangelio se considera sabio al que sabe sacar de su arcón lo nuevo y lo viejo. Y el mismo Cristianismo se nutre constantemente de la tradición. La didáctica enseña que para aprender un idioma de manera natural, y consideramos que todo idioma es apenas una expresión semiótica del pueblo que lo habla, es necesario repetir la técnica de aprendizaje de los niños, que adquieren constantemente nuevas expresiones y a la vez, aplican en su habla las que ya han aprendido. El emigrante se ve llevado por su situación a vivir constantemente como un niño, tratando de aprender nuevos conceptos y verificando la validez de los ya aprendidos.

El terruño, la tierra prometida y el exilio

Partir es un poco morir

A pesar de que el hombre puede adaptarse a cualquier clima o geografía, cada individuo se siente atado a un determinado clima y a una determinada geografía. Cuando se aleja de ellos, no sólo su psiquis lo siente, sino su mismo cuerpo. Yo mismo he probado en carne propia y en la historia de mi familia lo importante que es el paisaje en la experiencia del extranjero.

El clima de Turín, la ciudad donde redacté la primera versión de este libro, no es justamente lo que se dice óptimo para mí. La primera vez que fui a esa ciudad, en el sesenta y dos, provenía del Brasil y llegué en el mes de octubre, a principios del otoño. Fue tal la impresión del frío de ese primer invierno, particularmente riguroso, que por toda mi permanencia de cuatro años, me duró la añoranza del sol y del calor. En cambio, cuando volví a radicarme por segunda vez, lo hacía después de varios años de estadía en Alemania y me pareció que llegaba a un paraíso de luz y calor. Es más, el principal motivo que me impulsaba a dejar el país del norte era el clima, no tanto por el frío, cuanto por la falta de luz.

Ya mucho antes había vivido en mi gente el efecto de la nostalgia de la geografía del terruño. Tanto fue así, que a pesar de que no hubiera visto una montaña hasta la edad de diecisiete años y hubiese conocido la nieve recién a los veintidós, ellas ya eran viejas amigas, a través de los cuentos reiterados de nuestros piamonteses que vivían en la Pampa pensando en las montañas, la nieve, las acequias, los pueblos de su comarca y tanto hablaban de ella que nosotros conocíamos más la toponimia de su tierra que la de la nuestra.

Es comprensible que la naturaleza condicione al hombre a determinados climas y geografías, pero no debemos olvidar que es el hombre mismo el que se autocondiciona y adopta costumbres especiales en la vestimenta, en la alimentación, en la construcción de la vivienda, en el trabajo y hasta en su relación con los demás. No nos podemos extrañar de que un escandinavo tenga comportamientos diferentes de los de un andaluz.

Pero más que decir que dependemos de una determinada geografía, creo que deberíamos hablar de que el clima, las desigualdades del terreno, la fauna y la flora de una determinada comarca, en la que nos hemos criado, se nos han vuelto familiares. Gracias a esta familiaridad, por el simple hecho de que conocer es un poco dominar lo que conocemos, sentimos una gran seguridad mientras permanezcamos en esa comarca.

Y aquí se verifica una comprensible proyección. Dejemos de lado algunas comarcas famosas por la belleza de sus paisajes, reconocida por todos, que son verdaderas atracciones turísticas, que se recuerdan con placer y a las cuales se vuelve de buena gana. Toda comarca se imprime en la mente en figura de paisaje. Por eso el individuo tiende a efectuar un transfert de la comarca al paisaje, de la seguridad en la geografía que conoce a la seguridad en el paisaje que la representa, de la sensación de seguridad a la de bienestar y de atracción estética, y finalmente, a la de amor.

O sea, por más que sea reiterativo, la seguridad en una geografía, que no tiene secretos para el individuo, es considerada como seguridad en el paisaje que esa geografía ofrece. Y puesto que se ama lo que brinda seguridad, se ama ese paisaje y por consiguiente, alejarse de él y radicarse en otro paisaje provoca, sin más ni más, la nostalgia. Es normal extrañar a una persona o un objeto amado, sentir la añoranza, el vacío, la inseguridad, sentimientos todos que no se pueden eliminar así como así, sino que se deben comprender y asumir y dentro de lo posible, superar, si no se quiere caer en la depresión y la alienación.

Todo depende de la dinámica y de las metas que cada uno elige en la vida. Y si admitimos que la nostalgia del paisaje natal, en el fondo, no es nada más que la nostalgia de la seguridad que uno sentía en la geografía representada por ese paisaje, entonces resulta claro que todo depende de la intensidad con que cada uno trata de amoldarse a la nueva geografía para sentirse seguro también en ella.

Una de las primeras constataciones del extranjero es que no siempre sus hábitos son convenientes para el nuevo clima y para la nueva conformación geográfica y que, por lo tanto, debe cambiar de ropa, calzado, comidas, horarios, etc. Sabemos muy bien cuantos resfríos, cuanto dinero malgastado en calefacción, cuantos resbalones sobre el hielo, nos costó a los sudamericanos aprender a vivir en la fría Europa del Norte. Lo mismo, en sentido inverso, ya les había costado a nuestros abuelos europeos adaptarse a las cálidas tierras sudamericanas.

Y el emigrante, que ha elegido establecerse lejos de su patria, sabe que esta adaptación no debe darse a pesar de las dificultades, sino superándolas. Se me ocurre un dicho que popularizaron los inmigrantes en Argentina y que nació de su realidad hecha de nostalgias y pesares: *¿Qué hacemos con la foto, si la gringa está en Italia?* y que se puede interpretar así: es lógico que extrañemos a nuestra tierra y a nuestra gente, pero ahora nuestra vida se desarrolla aquí. En todo caso, si de algo sirve, tratemos de repetir aquí lo bueno que aprendimos allá.

El paisaje que se añora es una imagen figurativa de una realidad más compleja que es la patria dejada. Digamos también que es mucho más complejo de lo que normalmente queremos expresar con el vocablo paisaje. No se trata solamente de la configuración natural del terreno, de la flora y de la fauna, todo esto enmarcado en un clima, sino más bien del resultado de la intervención del hombre, para volverlo habitable: un conjunto de viviendas, aldeas, ciudades, calles y caminos, cultivos, canteras, fábricas, escuelas, puestos sanitarios, iglesias, lugares para la diversión y el deporte, etc. La nostalgia y la adaptación comprende todo esto.

Y la cronología representa también una parte muy importante.

Lo que generalmente se llora no es tanto la patria, sino más bien aquella patria que se ha dejado, sin los cambios que el tiempo opera sobre los anexos del paisaje. Yo mismo recordaba en las primeras páginas, mi desencanto al visitar la vieja casa de mi infancia. Lo mismo me pasó entonces con el pueblo y los campos. Sin embargo es el día de hoy, con casi setenta años sobre mis espaldas y después de más de cincuenta de haberme ido, que me basta cerrar los ojos para rever todo aquel paisaje, teatro de mis andanzas de muchacho.

No es de extrañar, porque muy frecuentemente aun los que nunca se fueron del país desconocen, con la edad, la propia patria modificada por los cambios que ellos no quieren aceptar. Tenían familiaridad con todas las cosas de una época pasada y se sienten incómodos, y por lo tanto inseguros, con las de la nueva. Para ellos la patria era aquélla y no ésta y la añoran. Porque, repito, no añoramos algo, sino la seguridad que ese algo nos brindaba.

Así es como la actitud nostálgica de los desterrados es muy diferente de la de los emigrantes.

Los desterrados se quedan detenidos en el tiempo del destierro, hasta el punto de que, si algún día logran regresar, tratan de devolver todo al estado en el que lo habían dejado. En Argentina nos hizo reír mucho un ministro de educación, que después de casi veinte años de destierro, volvió a ocupar el mismo puesto. En su primer discurso le oímos decir, como si fuera una importantísima medida, que en todas las escuelas se volvería a cantar, en el momento de izar la bandera, una oración que él había introducido en su primer período, para que fuera cantada en ese momento.

El emigrante vive un cambio continuo en su propia vida y por consiguiente, en su relación con la patria está siempre atento a las innovaciones positivas. Un ejemplo lo vi en mi misma gente, los piamonteses de Santa Fe y Córdoba, con San Francisco a la cabeza. A pesar de que eran en su mayoría agricultores y tenían muy escasa preparación, no se detuvieron en el

Piamonte de fines de siglo pasado que habían dejado. Antes bien, supieron copiar el desarrollo industrial de las últimas décadas y lo repitieron en la nueva patria, creando una de las zonas industriales más prósperas de Argentina.

El último, pero importante, resultado de la adaptación del hombre a la geografía son los equipos y enseres que se vuelven, a su vez, parte del paisaje. No siempre son los ideales. Normalmente un utensilio nace de una determinada concepción del trabajo o de las necesidades propias de las particularidades del suelo o del clima o de la materia prima de que se dispone. El que se desplaza a otros países sabe muy bien que encontrará utensilios desconocidos y que le faltarán enseres necesarios para sus costumbres. No hay más que observar los que se usan para comer, desde la más rudimentaria escudilla a la más refinada vajilla. Cuántas veces tuve que detenerme a observar como usaba la gente del lugar algunos instrumentos que jamás había visto antes, o que eran usados para una función diferente de aquélla, para la cual solía usarlos yo. Y cuánto tuve que pensar para saber cual utensilio o cual uso del mismo era el mejor, el nuestro o el de los demás. Nuestra casa es una especie de feria internacional, en la cual muy a menudo nos sorprendemos teniendo que explicarle a un visitante el uso de este o ese utensilio, adoptado en alguno de los lugares donde hemos vivido.

Nuestra patria está donde nuestra gente

Por más importante que sea el paisaje con sus configuraciones geográficas y climáticas, sus escenarios y sus equipos y enseres, todo esto significa poco para la formación del individuo, en comparación con los miembros de la familia, de la comunidad y del pueblo de origen que en práctica, representan la síntesis de su concepto de la raza humana. En efecto, para cada uno de nosotros los hombres somos justamente nosotros, nuestra familia, nuestros vecinos, los que hablan nuestra lengua y tienen nuestras mismas costumbres, o sea, todos aquellos con los cuales podemos comprendernos inmediatamente. Existe una mutua dependencia que hace que nos sintamos seguros entre nosotros.

Los que hemos tenido que vivir buena parte de nuestra vida en tierra extranjera, sabemos muy bien lo diferente que es estar solos o acompañados por familiares o compatriotas. Y los que han observado a los extranjeros, habrán notado su tendencia a formar asociaciones nacionales, con la finalidad de tener un espacio en el cual ellos puedan sentirse un poco como en su patria y al mismo tiempo, difundir la propia cultura en la comunidad que los hospeda.

Entrar en contacto con otro pueblo, sea para los desterrados, sea para los emigrantes, sea para los turistas, es siempre una encantadora aventura. En cambio, cuando se trata de verse obligado a insertarse en otra sociedad se vuelve un desafío que no es fácil aceptar y menos mantener. Desde el descubrimiento del hecho de que nosotros, los de nuestro pueblo, no somos los únicos hombres, hasta la aceptación de las consecuencias de este descubrimiento, hay un largo camino con muchas bifurcaciones en las cuales afrontamos siempre el mismo dilema: ¿nosotros o ellos? ¿es mejor como hacemos nosotros o como

57

hacen ellos? ¿tenemos que adoptar sus costumbres o seguimos con las nuestras? ¿debemos cambiar nosotros o cambiarlos a ellos?

Hay una tercera bocacalle que es la más simple, pero la más difícil de embocar: la aceptación y el respeto de la diversidad.

También aquí podemos hablar de posturas de refugiado y de inmigrante. Pero creo que la respuesta más frecuente a este dilema proviene de otra mentalidad, las más de las veces inconsciente y considerada justificable. Es la que sirvió de disculpa a los conquistadores y a los colonizadores y en la cual cayeron muchas veces los mismos misioneros de las religiones proselitistas: la certeza de tener una cultura superior a la del pueblo de llegada, una certeza que es propia de las sociedades que se consideran más evolucionadas, en las cuales el grado de evolución se mide por la cantidad de bienes, confort, comercio, industria, ingresos pro capite, productos bruto y neto, puestos de trabajo, conocimientos, leyes, obras sociales, etc. Y ni siquiera podemos decir que sea exclusivamente de ellas, porque la misma mentalidad la encontramos en aquellas sociedades que, siempre siguiendo el mismo criterio, se consideran menos evolucionadas. Éstas, tal vez como lógica respuesta, argumentan que sus culturas son más naturales y sanas y que las otras están más deterioradas por la corrupción. En estos últimos años, sobre todo en estos últimos meses, se suscitó en Europa el problema de los burkas, y ya antes se veía extraña la vestimenta de las mujeres turcas, el pañolón en la cabeza y las faldas sobre los pantalones. En ambos casos los europeos occidentales ven en esa costumbre una señal de atraso cultural. Para los musulmanes en cambio es índice de honestidad cultural y religiosa. La desnudez de los pueblos amazónicos, para

58

algunos es primitivismo, para otros inocencia natural. Lo que para algunos pueblos es religión, para otros es superstición. Y no sólo entre religiones diferentes. Los católicos europeos hablan de supersticiones latinoamericanas, mientras muchos católicos latinoamericanos consideran supersticiosos algunos ritos y creencias de la iglesia europea.

Por otro lado, hoy no se puede más hablar de una gran diversidad en la preparación de los pueblos. La apreciación de la diferencia de cultura generalmente se basa en la mutua incomunicación y en la definición apriorística de cultura. Parecería que el que habla dos idiomas europeos fuera más culto que el que habla cinco lenguas africanas o asiáticas, y que gran parte del valor del pensamiento humano, expresado en la literatura y en el arte, dependiera del vehículo de lenguas consideradas más o menos culturales y de la máquina de la publicidad. Recordemos el precioso libro de Saint-Exupéry. El asteroide del cual provenía el Pequeño Príncipe, había sido descubierto por un astrónomo turco, que lo había presentado a los demás astrónomos, pero como la primera vez que lo hizo, vestía indumentarias turcas, nadie le creyó. Tuvo que presentarse una segunda vez, vestido a la europea, y entonces le creyeron.

Diferentes, no mejores o peores

Ya hemos dicho que los extranjeros han dado un primer paso importante, que es el de admitir que existen otros pueblos, aparte del propio. Así mismo se habló de dos posturas diferentes de este primer paso. Una, la de los migrantes que han elegido espontáneamente el alejamiento de la patria, en una tácita aceptación de que en otros países es posible encontrar valores que faltan en el suyo. Otra, la de los desterrados que ven en el contacto con el pueblo que los hospeda nada más que la inevitable consecuencia de la injusta condena del exilio.

Tanto los unos como los otros, ya de manera positiva, ya de manera negativa, al llegar a la nueva tierra, tendrán que superar las incertidumbres de los primeros días, en la tentativa de abrir el diálogo e introducirse de alguna manera en la nueva sociedad. Pero luego enfrentan, poco a poco, las cuatro etapas de las que hablamos en el capítulo anterior. Y el modo en que se lleva a cabo este proceso es, tal vez, el punto más importante de lo que hemos querido llamar filosofía del extranjero. Y se resume en una historia difícil de pocos aciertos y muchos fracasos, en cada uno de los cuales se verán obligados a morir a sí mismos, y tratarán de renacer renovados, a través de un repetirse de feedback y repropuestas.

El primer elemento positivo es la apertura mental con la cual el extranjero debe abordar a los otros, que en su caso son los autóctonos y por ende, personas que ya tienen su círculo de conocidos y no tienen por qué abrirlo ni siempre están bien dispuestos a aceptar a extraños.

En este primer momento el extranjero no puede menos que comparar todo lo que ve con lo que dejó en su patria. Comprende que algunas cosas son iguales, otras son diferentes o hasta opuestas, otras en cambio, son nuevas y no tienen término de comparación. He notado un hecho curioso en el vocabulario de entre casa de los inmigrantes. Aun hablando en el idioma materno, para indicar las realidades que en su patria eran poco comunes o no existían, suelen usar los vocablos de la nueva lengua. En mi casa todavía ahora, después de ocho años de Italia y quince de Suiza francesa, para indicar el sótano difícilmente usamos el vocablo castellano o su correspondiente italiano, *cantina*, o francés, *cave*, sino que decimos *Keller*, porque nuestra primera experiencia real con el sótano la tuvimos en Alemania.

Una tentación frecuente de este primer paso es la competencia de los dos extremos, el de partida y el de llegada. La comparación se vuelve confrontación y el extranjero cae, por sí solo, en el dilema de la elección entre los dos pueblos. Algunos tratan de negar su propio origen y para ello se esfuerzan por adoptar totalmente las costumbres del nuevo pueblo, no usan más el propio idioma, a pesar del riesgo de que sus hijos no lo aprendan y cuando eso es posible, ocultan también su nacionalidad. Otros, por lo contrario, aunque aprovechen las ventajas que les ofrece la nueva sociedad, se esfuerzan por permanecer como eran y mostrarse extranjeros. Hablan en voz alta el propio idioma en público, se visten y comen como en su patria, se mezclan con la gente del lugar casi solamente para hacerles conocer la propia cultura y a cada rato, se les oye decir: en nuestra tierra solemos hacer así o asá.

En un segundo tiempo, los que han tomado la nueva realidad en un modo concreto se acostumbran a ella y dejan de compararla con la patria y tratan de asumirla completamente. Se dan cuenta de que eso no es tan fácil y que más de una vez, después de estar seguros de haber comprendido algo en particular, descubren de repente que han tomado gato por liebre. Pero al mismo tiempo comprenden que la única posibilidad de asirla

61

está en la experiencia; no se aprende un idioma, si no se lo habla, no se conocen a fondo las costumbres si no se las comparte, no se aprecia el sabor de una comida si no se la prueba, y sobre todo, no se puede saber cómo piensa un pueblo si no se tiene contacto con él. En este momento ya se ha entrado en el verdadero camino mental hacia la comprensión y la construcción.

El inmigrante tiene una meta concreta: insertarse en la sociedad. Por lo tanto sus esfuerzos para un mejor conocimiento no tienen una finalidad meramente científica y abstracta, sino más bien la práctica de prepararlo para alcanzar su cometido. Sabe muy bien que está en condiciones de desventaja, en su competencia con los lugareños.

Los motivos de esa desventaja son dos:

1) No tiene suficientes conocidos entre la población.

2) No conoce suficientemente los elementos necesarios para emprender cualquier acercamiento con la gente del lugar.

Para ayudarse a neutralizar el primer motivo, deberá tratar de reducir el segundo. Cuanto más sepa de la nueva sociedad, tanto mejor podrá abordar a sus miembros. Y en este caso, saber no será simplemente tener noticia de algo, sino lograr familiaridad con ese algo, convivirlo.

Hasta ese momento, su condición de extranjero le sirve solamente de empacho y lo coloca delante de alternativas: o bien se abate y se resigna a ser toda la vida un disminuido que jamás podrá competir con los autóctonos, o más vale, se esfuerza por superar las dificultades y colocarse a la altura de los demás, o mejor aun, y éste es el caso más común de los inmigrantes que han tenido éxito, transforma los inconvenientes en ventajas.

Yo suelo llamar a esta iniciativa la filosofía del rengo, por comparación con los razonamientos que éste debe formularse con respecto a su renguera. Sabe que no puede correr ni caminar como los demás. Le quedan estas posibilidades:

tratar de solucionar su impedimento físico, lo que no siempre es factible,

abatirse y renunciar a enfrentar la vida, porque su competencia con los demás que no son rengos es demasiado dura,

o bien decidirse a hacer caso omiso de su dificultad y lanzarse a la lucha.

Para ello deberá aprender a caminar lo mejor posible como rengo; sabe que no puede correr, pero sabe también que nadie puede obligarlo a correr. De la misma manera, el extranjero debe antes que nada aprender a vivir como lo que es: un extranjero. Y en conclusión, debe elegir entre estas tres alternativas:

1) no tener éxito por ser un extranjero,

2) tener éxito a pesar de ser un extranjero,

3) tener éxito justamente por ser un extranjero.

La primera alternativa desemboca, por fuerza, en la decisión de regresar a la patria.

La segunda, aunque ya tiene mucho de positivo, puede desembocar en muchas desilusiones y desengaños.

bocar en muchas desilusiones y desengaños.

La tercera puede partir de una consideración falsa, en el caso de que el extranjero se sienta superior a los autóctonos, y entonces no siempre suele llegar a buen puerto. Pero generalmente parte de un análisis atento de su situación de inmigrante, y suele estar apoyada por los siguientes razonamientos:

- Su dificultad para insertarse en una sociedad que tal vez se le presenta hostil la comparten muchos otros, aun autóctonos. Es más, a veces algunos de éstos están todavía más marginados, con motivo de viejas historias y tradiciones.

- El hombre es siempre extranjero entre sus semejantes. Por más homogénea que sea una sociedad, hay siempre alguna diferencia entre el individuo y el grupo. En la misma familia hay diferencias entre hermanos. La comprensión recíproca surge de la buena voluntad individual y se logra sólo cuando ninguno escatima esfuerzos para hacer caso omiso de las diferencias.

- La misma causa de sus inconvenientes, el hecho de ser un extranjero, lo es también de ventajas, la de no estar sujeto a los tabúes o fanatismos del pueblo de adopción, y por lo tanto, estar capacitado para plantearse de modo más objetivo los problemas y las soluciones, y la de poseer conocimientos no compartidos por los lugareños, como por ejemplo, otros idiomas, otros criterios, otras cosmovisiones, otras costumbres, otras familiaridades, etc. Será tarea suya la de hacer prevalecer las ventajas sobre las des-

64

ventajas.

- La familiaridad con algunos particulares no debe hacerle perder la visión global de la realidad y debe permanecer siempre abierto a nuevas perspectivas.

- Trae consigo una cultura que no siempre sabe como aplicar a la nueva realidad. Pero no se puede olvidar de que generalmente se construye sobre cimientos, y sus cimientos culturales, sobre los que puede construir el edificio de esa nueva realidad, es nada más y nada menos que su cultura aborigen, y que si bien es cierto que hay que estar siempre dispuesto a abandonar viejas creencias, las más de las veces las ideas nuevas no deben remplazar a las viejas, sino completarlas.

- La sociedad en la que tiene que insertarse está constituida por individuos, que pueden tener características homogéneas, pero nunca idénticas. Tendrá que evitar hacer de cada hierba un fardo.

- Por encima de las diferencias substanciales entre la sociedad de origen y la de llegada, hay muchos puntos de convergencia (de opiniones, hábitos, intereses, creencias). En su esfuerzo de inserción le conviene partir de estas semejanzas y lugares comunes y no de las diferencias.

Si quiere tener éxito, el extranjero sabe muy bien que debe aplicar estos razonamientos al análisis de su situación. De qué comunidad proviene, en qué comunidad quiere entrar, qué sabe hacer, qué hacía en su patria, qué puede hacer aquí, cómo trabajaba en su patria, cómo se trabaja aquí, qué conocimientos tenía allá, cuáles puede tener aquí, cómo estaba organizada su sociedad, cómo lo está ésta, qué materia prima encontraba en su tierra, cuáles encuentra en ésta, todas estas y muchas más por el mismo estilo, son las preguntas a las que debe responder, consciente de tener después que adecuar su agenda a las respuestas.

De profesión extranjero

Prestatarios y usuarios

Ocupar el puesto justo

En general, la primera experiencia del extranjero en el país de llegada tiene que ver con el servicio público, la aduana, el registro civil, la policía, la oficina de extranjeros, los asistentes sociales, la oficina de empleos, la dirección impositiva u otra oficina cualquiera, a la que debe acudir para obtener la residencia y el permiso de trabajo.

Todos los países democráticos permiten abiertamente la emigración, pero tienen leyes severas para moderar la inmigración. No todos pueden entrar en el país en que quieran, cuando y como quieran. Las puertas de la mayoría de los países están abiertas para los que quieran entrar como turistas, gastar en ellos su dinero y volverse después de un tiempo tranquilitos a sus casas. No así, en cambio, para los que quieran permanecer, trabajar, ganar dinero, entrando en competencia con los trabajadores locales, autóctonos o no. Tanto es así, que algunos países, como los Estados Unidos, antes de darle permiso de entrada a turistas de muchas nacionalidades, los obligan a una serie de trámites, para asegurarse de que no caerán en la tentación de quedarse.

Precisamente por este motivo, a veces el primer contacto con la burocracia del país elegido comienza antes de viajar a él, a través de esos apéndices que son las embajadas y los consulados, ante los cuales se debe tramitar visas, legalizaciones, certificados, etc.

En los años noventa se hicieron famosas las colas frente a los consulados de países europeos en América del Sur, principalmente los de Italia y España. Se trataba de los descendientes de los emigrados, que querían tramitar la recuperación de la ciudadanía de sus abuelos. En el mes de noviembre de 1989, cuando la magnitud del fenómeno ya había estallado, pero todavía no era tan desbordante como lo fue más adelante, visité algunos consulados y viceconsulados italianos en Argentina, y pude comprobar el malestar de los funcionarios, impotentes ante un flujo de trabajo arrollador, y de los usuarios, desilusionados por la demora que sufrían los trámites.

Todo aquél que haya tenido que vérselas con la burocracia internacional sabe muy bien que ésta puede ser diferente de un país a otro, pero en el fondo, en todas partes es humanamente inhumana e inexorable. Además en el caso de los extranjeros, hay dos componentes que la vuelven más fastidiosa todavía: la dificultad del idioma y la diferencia con la burocracia de la sociedad de origen.

Muchos países de Europa han remediado en gran parte la primera dificultad con formularios escritos en diferentes idiomas. Y la segunda dificultad es el campo en que, de entrada, se mide la apertura del extranjero, que tiene que cambiar sus esquemas sociales para adecuarse a nuevas reglas, que no siempre comprende.

Pero lo más importante de este primer contacto es que, gracias a él, el extranjero aprende a asumir su condición de usuario, de

68

la que tal vez en su patria por diferentes motivos no se había dado cuenta. Cuando iniciaba un trámite en su tierra, tal vez nunca pensó que pedía, sino por el contrario, que exigía lo que le correspondía y que consideraba descontado, por más demoras que pudiera haber. Ahora, en cambio, se siente en las manos de funcionarios que más que prestatarios de servicios, le parecen jueces inapelables.

Aprende así esta distinción entre prestatarios y usuarios, con las respectivas jerarquías e intercambios. Aprende, por ejemplo, que el mismo individuo puede ser prestatario en un campo social (salud) y usuario en otro (transporte), ser jefe en uno y subalterno en el otro y que la armonía de la sociedad depende, en gran parte, del hecho de que todos cumplan bien con su función y sus intercambios, sin ser evasor como usuario ni exigente como prestatario.

En este mar de papeles y trámites, en un idioma desconocido o casi, de los cuales depende su futuro y el de su familia, se encuentra como en un mundo en el que todos son adultos, menos él, reducido a un niño balbuciente, con la sensación de que los otros no lo entienden y le toman el pelo por sus errores.

En todas las colectividades extranjeras, en cualquier país del mundo y en cualquier idioma, circulan graciosas anécdotas sobre los equívocos idiomáticos y sociales de los recién llegados. Pero, aparte de lo gracioso que pueda encerrarse en estas anécdotas, muchas de ellas nos hablan de una astuta picardía que recuerda esa condición de niños adultos de los extranjeros. Como decíamos unas páginas atrás, hablando sobre sus razonamientos, éstos descubren, por ahora de manera astuta y poco recomendable, que no todos sus inconvenientes son desventajas y aprovechan de su incapacidad de comprender y hacerse comprender para esquivar requisitos burocráticos. Dicho de otra manera, aplican lo que yo llamaba filosofía del rengo. Éste sabe que no puede correr, pero también que jamás lo podrán obligar a hacerlo.

Perseguidores de la utopía

Hace unos años, en Alemania, tuve que ocuparme de una familia de inmigrantes, porque uno de los hijos tenía problemas con la escuela. Me enteré de que los padres eran analfabetos y me pregunté entonces cómo, a pesar de ello, se habían decidido por la emigración. Interesado en el tema, descubrí que un número, si bien pequeño, de los inmigrantes eran analfabetos o apenas si sabían leer y escribir. Es más, muchos, después de años de estadía en Alemania, no entendían ni lograban hacerse entender en el idioma local, lo que en el fondo no les era necesario, puesto que una vez aprendido a viajar o a moverse, aun las compras las hacían en los supermercados, o sea que ellos mismos elegían los productos y en la caja les bastaba leer lo que marcaba el aparato. Repasé mentalmente todos los extranjeros que conocía y me pregunté si se podía llegar a alguna conclusión sobre el nivel de la preparación cultural de los que optan por la emigración. Sobre todo porque las opiniones al respecto son muy dispares.

Hay quienes afirman que la gente capaz no necesita emigrar. Este es un argumento muy común en las regiones europeas tradicionalmente emigrantes, en las cuales tradicionalmente la sociedad estaba formada por un pequeño grupo, que tenía ac-

70

ceso a la preparación cultural y por lo tanto, las puertas abiertas a los pocos puestos de trabajo posibles y por una mayoría, que casi no tenía acceso ni a la cultura ni a los puestos de trabajo.

En cambio, hay otros que dicen que los que emigran son los mejor preparados. Es opinión clásica de los pueblos subdesarrollados o en desarrollo, que no ofrecen suficiente campo de acción a los profesionales. Lo mismo sucede en países con situaciones políticas especiales, de carácter dictatorial, en los cuales la cultura debe someterse a la cúpula del gobierno.

Por otro lado suele producirse un recíproco sentimiento de envidia y desprecio entre los que se van y los que se quedan.

Los que se quedan, por un lado, consideran afortunados a los que se fueron, porque tuvieron el coraje, que a ellos les faltó y se imaginan que viven en un paraíso, donde ni siquiera se tiene una pálida idea de los problemas que subsisten en la patria. Pero, por el otro, los acusan por haber elegido la fuga fácil, en vez de quedarse a sufrir, solidarios con los compatriotas, y colaborar para mejorar la situación. Y muchas veces manifiestan esta mezcla de envidia y acusa con una suerte de desprecio. Los emigrantes serían marginados, gente de baja calaña o con problemas, a los cuales no les quedó otro camino que el del destierro voluntario.

Los que se van, a su vez, envidian a los otros la posibilidad que tienen de vivir todo lo que a ellos les falta, la suerte de continuar hablando el idioma materno, de estar entre los seres queridos, en el paisaje natal, en la seguridad de la patria. Pero, al mismo tiempo, los acusan porque no han tenido el coraje de acompañarlos y habiéndose quedado, los obligan a pensar que

71

hay seres queridos que continúan sufriendo lo que ellos bien conocen.

Pero, volviendo a la pregunta que nos hacíamos sobre la preparación de los emigrantes, yo diría que no tiene una respuesta concluyente. Por un lado, emigran los menos preparados, para escapar de una sociedad que, después de haberlos conocido como tales, no les da más la posibilidad de rehabilitarse. Y por el otro, emigran los mejor preparados, porque no encuentran en su país el espacio suficiente para sus capacidades.

Pero algo sí podemos afirmar. No importa si poco o muy preparados, más o menos capaces, los emigrantes están siempre entre los más abiertos y los menos conformistas. Y aunque en su tierra no lo parecieran, entre los más emprendedores. Y agreguemos que la determinación de emigrar persigue un sólo fin: lograr fuera del país lo que en éste se veía imposible.

Lamentablemente, hasta ahora, se ha tenido muy poco en cuenta esta característica de los extranjeros de abiertos, no conformistas, perseguidores de la utopía, positivamente dinámicos. Por diversos motivos.

1) Antes que nada por el hecho de que, sea entre ellos, sea en cualquier grupo humano, el número de los menos preparados es siempre alto y aparece más.

2) Además, porque los más capaces se hacen notar menos, dado que se asimilan mejor a la nueva sociedad y pierden más rápidamente la apariencia de extranjeros y disfrazan su dinámica de extranjeros, para que ésta mantenga su condición de instrumento útil para alcanzar la meta propuesta de triunfar

72

en el nuevo país.

3) Pero también porque las sociedades de llegada se consideran siempre superiores y tratan de autoconvencerse de que son capaces de imponer a los inmigrantes un estilo de vida mucho más elevado.

4) Y finalmente porque las sociedades de origen tienden a menospreciar a los emigrantes, que en cierto sentido significan una derrota, por lo que conviene considerarlos unos ingratos o indeseables, que han hecho bien en irse.

Y sobre la poca consideración que se le tiene a esta cualidad de los inmigrantes recuerdo con mucho dolor un hecho ocurrido en Alemania, en 1992. Durante un almuerzo después de una Misa de Confirmaciones, en el que estábamos el obispo y varios sacerdotes, yo hablé del aprecio que tengo por los inmigrantes y el misionero italiano del lugar me respondió: Esta gente ha emigrado sólo porque no tenían capacidad suficiente para triunfar en nuestra patria. Así mismo, en el 94, cuando le mostré este mismo estudio al delegado de las misiones italianas de Suiza, éste le dio una ojeada y me dijo: no sé qué quieres probar con este escrito. Y la experiencia de todos estos años como asistente de los inmigrantes me ha convencido de que esa opinión de menosprecio es bastante común en muchos colegas.

Aunque la historia, en su mirada retrospectiva, reconoce la influencia de las corrientes migratorias, cuando se trata del extranjero de hoy, ése que está ante nuestras puertas, en nuestras calles, y trata de insertarse en nuestra sociedad, se vuelve difícil mirarlo como a una persona de la cual podemos apren-

73

der, si no más, por lo menos la dinámica con que enfrenta su situación crucial, en parte formada también por nuestra falta de comprensión e indiferencia.

Volverse niños

Independientemente de su grado de cultura y de capacidad, en la nueva sociedad, el extranjero se vuelve una especie de niño adulto. Un niño en cuanto todo se le presenta nuevo y difícil de aprender, a causa de su incapacidad para usar bien el idioma para pedir y comprender las explicaciones que necesita. Y un adulto en cuanto tiene que echar mano de toda la experiencia de su vida, para pasar por encima de esa afasia y dominar esa situación crucial de la vida.

Si observamos a los niños, comprobamos que aunque tienen mayor dificultad que los adultos para hacerse comprender, al no estar condicionados por la propia lengua, pasan muy fácilmente al mismo grado de expresión en otra nueva, olvidando con la misma facilidad la primera, si no siguen usándola.

En cambio, para los adultos la preparación cultural no siempre es garantía de facilidad para aprender un idioma nuevo. Al contrario, a veces puede transformarse en una limitación, porque la persona culta generalmente se avergüenza de hablar mal y prefiere callar, y como da demasiada importancia a las reglas gramaticales, no se suelta al uso de las palabras que ya conoce y que con la ayuda de circunlocuciones y gestos, podrían ser suficientes para hacerse comprender.

Volverse niños significa darse cuenta de que, de repente, todo lo que se aprendió en la vida no sirve para comprender a los demás ni para pedir explicaciones, y si uno quiere de todos modos comunicarse con los demás, debe comenzar a balbucir palabras mal pronunciadas y mal usadas, y aprender a formular los conceptos de una manera diferente de como lo hace en su propia lengua..

Mi primera experiencia con el alemán, después de haber estudiado por dos años, con uno de esos métodos maravillosos, que aseguran el dominio del idioma en tres meses y sin maestro, la hice en una colonia de vacaciones, con un grupo de niños, que me obligaban a entenderlos y a hacerme entender. Recuerdo que uno de los primeros días no había asido el significado de la palabra *brennen* (quemar). Paseábamos por un bosque y uno de los niños me indicó una ortiga y me dijo que la tocara. Yo no conocía las ortigas europeas, bastante diferentes de las sudamericanas e hice lo que me pedían. El niño esperó mi mueca por el ardor y me dijo: eso quiere decir brennen. Lo curioso es que apenas hube descubierto el sentido de la palabra, identifiqué también su versión escrita que ya conocía, pero que no había relacionado con la palabra pronunciada por esos niños de la Vesfalia: brEnen. En efecto el idioma visual de la escritura no siempre corresponde al auditivo-oral. No hay una sola lengua europea que tenga una total correspondencia entre la escritura y la pronunciación. Un Alemán de Hamburgo comprende mejor a otro de Múnich por escrito que de oído. Y lo mismo pasa entre un siciliano y un friulano, aun usando el italiano, y con un jurasiano y un normando o un canadiense.

A pesar de la facilidad con que aprenden un idioma, los niños no son elásticos para comprender a los demás. Para ellos la lengua está compuesta sólo de los sonidos que tratan de imitar. A lo sumo pueden comprender los sonidos equivocados de los otros niños, compañeros de juego, justamente porque están acostumbrados a oírlos. Recuerdo que un día, en Brasil, no conseguí que una niña me comprendiera la palabra doce (dulce), sólo porque mi o era demasiado abierta.

Por eso el extranjero tendrá que volverse un niño, para aprender los signos orales y escritos de la nueva lengua y del nuevo pueblo. Pero, a la vez, tendrá que ser un adulto, para captar todos los matices con inteligencia.

A mal tiempo buena cara

La primera impresión es la de que se trata de una tarea que excede sus capacidades. Las palabras rebotan en sus oídos sin dejar señal alguna. A su alrededor la gente del lugar lo ignoran y continúan moviéndose en ritos esotéricos e incomprensibles, se ríen, hablan, se preocupan o se enojan sin motivos aparentes. A cada paso encuentra obstáculos que por su poco conocimiento del idioma, no logra comprender si son dificultades, facilitaciones o simples formalidades. Quiere seguir pensando y actuando como en su tierra y entonces los demás no lo comprenden. Siempre existe algún trámite que le falta, para la residencia, para el trabajo, para alquilar, viajar, abrir una cuenta bancaria, mandar a sus hijos a la escuela. Las más de las veces en que se dirige a un lugareño, después de las primeras palabras, el otro se da cuenta de que es un extranjero y dice: no entiendo. Y tal vez con una sonrisa, tal vez fastidiado, sigue su camino. Su inseguridad en la nueva comarca despierta la nostalgia de la patria, de los seres queridos, de los momentos pasados juntos. Es más, los sufrimientos de los momentos difíciles pasados en su patria, pero en compañía de los suyos, se vuelven un dulce recuerdo. Y el pensamiento de que tal vez los seres queridos siguen teniendo dificultades le produce un sentimiento de pesar y lo hace sentirse un traidor. Comienza a preguntarse si no hubiera sido mejor quedarse y crear en su tierra, junto con los suyos, la utopía que fue a buscar en el extranjero y que parece ser tan complicada. Pero al mismo tiempo, la desilusión se transmite también a su patria, que le ha negado la posibilidad de futuro y que le hizo la vida tan difícil, hasta el punto de obligarlo a emigrar.

No creo haber sido el único extranjero en el mundo que lloró en los primeros meses de vida fuera del país. Y gran parte de los que desisten y se vuelven a sus casas, lo hacen en esos primeros meses, antes de haber emprendido seriamente la inserción en la nueva sociedad. Y muchos de los que se quedaron y tuvieron éxito, lo deben al hecho de no haber tenido la posibilidad financiera para volverse en ese primer tiempo.

Pasadas esta primeras impresiones, logra ver la realidad de una manera más objetiva, sobre todo porque, por peor que haya comenzado su estadía en el nuevo país, el inmigrante ha enfrentado esa situación voluntariamente, con la intención de no cejar hasta alcanzar el éxito. Se da cuenta de que muchas dificultades de los primeros momentos ahora lo hacen sonreír. Además ve que no solamente él tiene problemas y que los suyos, que derivan del hecho de que es un extranjero, son apenas diferentes de los de los demás, pero no peores ni más difíciles de solucionar. Es más, la solución está casi siempre en

77

sus manos, como por ejemplo, el idioma, los conocimientos, las costumbres, que no exigen nada más que un esfuerzo especial para aprender.

Y se da el primer gran descubrimiento: el hecho de tener que esforzarse más que los otros para alcanzar los mismos objetivos ya lo pone en ventaja. Los demás, los lugareños, se limitan normalmente a conservar lo que ya alcanzaron con esfuerzo o sin él, y a veces se les escurren cosas que él, que tiene que prestar mayor atención, advierte inmediatamente, lo que puede darle también más probabilidades de éxito. Todo el que tiene que vivir siempre dispuesto a aprender no corre el riesgo de caer en la rutina o en la excesiva confianza en sí mismo, dos grandes enemigos de la creatividad. Y así comprende que su grave inconveniente se ha transformado en ventaja.

El hallazgo de un tesoro

Llegado a este punto, casi sin quererlo, el extranjero ha alcanzado la fórmula apropiada para la conducta que lo puede llevar al éxito, que en su caso no es más que el que se había prefijado: lograr ser alguien en el país adonde ha emigrado.

Podemos describir su actitud como una homeostasis, un proceso de equilibrio, que se consigue gracias a una autorregulación entre los dos polos de atracción que son la sociedad de origen y la de llegada. En definitiva, una busca del tercer camino.

En síntesis, la realidad del extranjero es un camino entre estas dos sociedades, que en un principio, se le presentan como opuestas y le ponen el dilema de la elección, hasta que él mismo llega a comprender que son complementarias y que su propia identidad no debe buscarla ni en una ni en otra, sino en la comprensión y valoración de los elementos positivos y negativos de las dos.

Primero es un emigrante

A la sociedad de origen le debe su formación, en la cual encuentra mucho de positivo, pero también algo de negativo.

Prácticamente no existe un individuo solitario, completamente separado de un contexto sociocultural, y por lo tanto libre de condicionamientos. Ya el uso de un idioma determinado crea categorías conceptuales en el que lo habla. En el siguiente ejemplo podemos observar como los conceptos se agrupan de una manera diferente en los idiomas que en él analizamos.

danés	alemán	francés	italiano	español
	Baum	arbre	albero	árbol
troe				leño
	Holz		legno	madero
skov		bois		madera
	Wald		bosco	bosque
		forêt	foresta	selva

Y no se trata aquí de idiomas más o menos ricos de vocablos,

79

sino de una diferente organización de los conceptos. Esto es, los límites de los conceptos son diferentes de una lengua a la otra. Y no parece que sean sólo límite de acepciones, sino más bien de concepción de la realidad. Por ejemplo, al concepto expresado con la palabra italiana *legno*, corresponden en español *madero* y *madera*, que son dos cosas levemente diferentes. Por el contrario la palabra española *esperar*, expresa dos conceptos diferentes para el francés, que usa *attendre*, por aguardar algo o a alguien, y *espérer*, por tener esperanza. Y cuando en mi pueblo oíamos a los piamonteses usar la palabra grueso por grande y pedir o llamar por preguntar, notábamos que no se trataba sólo de un error de traducción sino de una concepción diferente de grueso-grande y de pedir-preguntar.

Tal vez lo entendemos mejor con este ejemplo: para indicar la acción de poner en orden la ropa arrugada, el castellano usa el verbo *planchar* (volver plano, chato, aplastar con una plancha), el italiano el verbo *stirare* (estirar) y el francés *repasser* (repasar). Esto es, en una acción común, el italiano ve que la ropa encogida se estira; el hispanohablante, en cambio, ve que las arrugas de la ropa se aplanan, y el francés que se reacomoda una prenda.

Y el idioma no es otra cosa que un sistema fónico que manifiesta un sistema conceptual. Cuando pronunciamos una palabra, por ejemplo: gato, lo que cuenta no es el valor en sí de los sonidos que la componen (g+a+t+o), sino la diferencia con todas las otras combinaciones de sonidos de la misma lengua (perro, lobo, oveja), que hace que sea ésa y no las otras palabras la que expresa ese determinado concepto y no otros. Este valor diferencial, que es siempre arbitrario (¿por qué decir gato, Kater, cat, chat?), en origen fue determinado por los

80

individuos de la sociedad que plasmó el idioma, pero en el momento actual cada miembro de la sociedad no tiene otra opción que la de usar la combinación de sonidos existente. Es mucho decir que el idioma condiciona los conceptos del individuo, pero sí podemos afirmar que indica la determinación que la sociedad actúa sobre él.

De este condicionamiento por parte de la sociedad, ni siquiera el emigrante se escapa, a pesar de su decisión de partir, que puede parecer un rechazo. El que ha decidido partir no es más que un paisano. Y muchas veces lo hace justamente porque sabe que si se queda, se sentiría ahogado por ese condicionamiento.

En Argentina y en Brasil los amigos suelen apodarse mutuamente con sobrenombres que recuerdan el origen de la propia familia: Gringo, Ruso, Alemán, Gallego, etc. Y no se lo hace por desprecio, sino como reconociendo un dato concreto. En el otro, a pesar de que pertenezca a la misma sociedad, hay algo que lo hace aparecer como un italiano, un alemán, un español, etc., no sólo por su origen y por su vida hogareña, sino por su modo de ver la vida, propia de la cultura de su familia.

Este condicionamiento es tan sutil y obvio, que no es asumido por el individuo que lo padece. Es como el acento, lo notan sólo los que no pertenecen a la misma región del que habla. El extranjero puede saber en qué medida está condicionado, sólo a raíz de su emigración, cuando puesto en un contexto social diferente, se ve estimulado a echar mano de todos sus recursos. Sólo entonces consigue probar su capacidad personal, su preparación y sus lagunas. Una muy conocida canción italiana de los años sesenta pone en la boca de uno que está por emi-

81

grar estas palabras: "so far tutto o forse niente, da domani si saprà" (sé hacer de todo, o tal vez nada: desde mañana se sabrá)

Mientras uno permanezca en su país, no puede verificar sus propias habilidades, porque ya se han vuelto su natural manera de actuar, ni las propias incapacidades, porque la costumbre de sortear siempre las mismas restricciones vuelve también normales los arbitrios con los cuales uno trata de disfrazarlas. Inclusive, a veces uno sospecha tener ciertas cualidades o en cambio, ciertas limitaciones y por el embarazo del qué dirán si lo ven salirse de lo acostumbrado, no se atreve a constatarlo.

Sobre este tema de la confrontación con la propia identidad, que me parece tan importante, quise tener una confirmación de cinco conocidos míos, que han sido extranjeros o siguen siéndolo, dos italianos y tres sudamericanos, todos ellos personas que han tenido éxito. Pues bien, todos estuvieron de acuerdo en afirmar que el haberse planteado este problema había sido algo así como la llave que les había abierto la puerta del éxito. Y notemos que hablaron de planteo, no de solución. Y uno de ellos me confesó que, después de veinticinco años, continúa todavía preguntándose cuál es su verdadera identidad.

En efecto, ésta es la primera verdad que se desprende de esa concepción de la vida que he llamado filosofía del rengo:

Lo importante no es darle una solución al problema, sino asumirlo sin resignarse, esto es, plantearlo, tenerlo en cuenta en el actuar, no menospreciar sus consecuencias, buscar

En práctica, el extranjero tiene que comprender que se puede emigrar fácilmente de un país, pero no de sí mismo y puesto que él ha sido formado en gran parte por la sociedad de su país, debe concluir que, por más que se haya ido del país geográfico, nunca partirá del todo del país mental. Deberá, por lo tanto, tener en cuenta su bagaje cultural originario, que puede favorecerlo, pero también entorpecerlo, cuando trate de insertarse en la nueva sociedad.

Entonces, la tentación de evadirse de sí mismo, lógica consecuencia de la emigración, se redimensiona. Ser extranjero significa pertenecer a un pueblo diferente del local, ser extraño. Y lo importante no será asimilarse (por asemejarse), sino insertarse, integrarse a la nueva sociedad, adaptarse a ella. Para este fin es necesario despojarse de las limitaciones de la sociedad de origen, pero para nada de la cosmovisión-instrumento adquirida en ella, ni de la cosmovisión-producto que en ella se ha desarrollado, que pueden y deben servir de sostén al aprendizaje y se deben confrontar con la cosmovisión de la nueva sociedad.

La inmigración de estos últimos cincuenta años, en una Europa que ve mermar constantemente su población autóctona por la disminución de los nacimientos, y por lo tanto, crearse una situación cada vez más grave de descompensación en el porcentaje de los extranjeros, ha dado lugar entre los que, de buen grado o por necesidad, aceptan la convivencia, a un prolongado debate sobre si los inmigrantes se deben asimilar o no. Hasta se revén las mismas leyes de ciudadanía, que se facilitan, reduciendo el número de años de radicación en el país para poder solicitarla, y se estudian cambios que restringen algunas proyecciones y amplían otras.

De todos modos, no me parece que los resultados hasta ahora obtenidos sean precisamente los de una asimilación. Más bien, me pareció observar en las colectividades de Gastarbeiter de Alemania, que las generaciones nacidas y crecidas allí se han transformado en una especie de híbridos, que siguen siendo extranjeros, en el país en que nacieron, y se han vuelto tales para el país de origen de sus padres, aunque tengan la respectiva ciudadanía.

No quisiera presentarlo como un argumento incontestable, pero en Argentina y Brasil hice una evaluación sobre el lenguaje de los extranjeros y observé que los que habían perdido el dominio de su idioma, no habían aprendido bien el nuevo, sino más bien habían creado un mejunje lingüístico como el *cocoliche*.

Pero, usemos la palabra que queramos, el que desee insertar, adaptar o asimilar, debe conocer bien a la persona que quiere insertar, adaptar o asimilar. Y puesto que el emigrante quiere insertarse a sí mismo en la nueva sociedad, por fuerza deberá tener un cuadro perfecto de lo que él es.

Pero se vuelve inmigrante

La inserción se inicia y se continúa, pero no se concluye nunca. Mientras el extranjero permanezca tal, estará siempre en camino desde su país de origen al de llegada. La misma palabra inmigración ya indica un movimiento, una migración cuya meta es el lugar en el que se quiere insertar.

Así como para un viaje se toman medidas: preparar un itinerario, un equipaje, dinero, vituallas, etc., de la misma manera, para hacer frente a ese viaje sicológico que es la inmigración en una cultura, se requieren medidas mentales.

Un turista puede mirar el país que visita, deleitarse con sus paisajes y monumentos, observar, admirar, motejar o despreciar a sus habitantes y a sus usos, pero se queda siempre en la periferia de la sociedad local. Un inmigrante, en cambio, que debe introducirse en el país, debe estar preparado para estudiarlo muy profundamente. Debe aprender a analizarlo.

Sobre todo tiene que aprender a observarlo. Y teniendo en cuenta mi propia experiencia, me parece que todo país y toda cultura nos presentan dos aspectos:

1) Un panorama general, en el que se encajan todos los individuos, con la especie de código de convivencia que los acomuna, su bagaje social y cultural, su grado de bienestar y sus costumbres grupales.

2) Una enorme cantidad de detalles, que tal vez no se aplican a todos, pero sí a un grupo considerable, y que hacen ver el panorama general bajo una luz diferente.

El extranjero tiene ante sí los dos aspectos de la sociedad que debe explorar, pero a su vez tiene a su zaga los mismos aspectos de su sociedad de origen, tal vez también por explorar todavía, a la luz del cotejo con la nueva realidad. Por eso, aunque parezca algo complicado, se me ocurrió que una corta lección de alemán, nos podría ayudar a comprender el modo en que el extranjero debe, y así lo hace, observar a la nueva

85

sociedad desde su punto de vista, que es el que ha adquirido en la de origen y ha corregido paulatinamente en la nueva.

En ese idioma para decir: mirar, se usa el verbo: *schauen*. Y este verbo modifica su significado añadiendo los siguientes prefijos:

> **herein**schauen: mirar desde allá afuera hacia aquí adentro
>
> **heraus**schauen: mirar desde allá adentro hacia aquí afuera
>
> **hinein**schauen: mirar desde aquí afuera hacia allá adentro
>
> **hinaus**schauen: mirar desde aquí adentro hacia allá afuera

Estos son los cuatro modos en los que el extranjero puede y debe mirar la realidad. Volviendo a lo que hemos dicho, poco más arriba sobre los dos aspectos de cada una de las dos culturas extremas, o sea de la de partida y la de llegada, consideramos el panorama cultural, o sea el primer aspecto, como una faja externa (afuera) y los detalles, o sea el segundo aspecto, como una faja interna (adentro). Y entonces tenemos que:

> - Cuando llega a la nueva sociedad, trae consigo su bagaje de conocimientos, su punto de vista, su cosmovisión, adquiridos todos en su sociedad de origen y que forman el panorama sociocultural de su pueblo. De la nueva sociedad no puede descubrir más que determinadas actitudes, que son las que se le presentan a cada paso. O sea, ve desde su panorama cultural los diferentes detalles de la nue-

86

va cultura: desde su afuera hacia ese adentro.

- Coteja cada uno de los detalles de su propia cultura con los de la nueva y logra hacerse un panorama cultural del pueblo que lo hospeda. O sea, mira desde su adentro hacia ese afuera.

- Cuando haya asido el nuevo panorama cultural, el nuevo punto de vista, la nueva cosmovisión, se volverá hacia los detalles de su cultura de origen y los reanalizará profundamente. O sea, mira desde ese afuera hacia su adentro.

- Volverá a cotejar, en sentido inverso ahora, los pormenores de la nueva cultura, que ya conoce con mayor seguridad, con los de su propia cultura y se planteará una crítica de su precedente cosmovisión. O sea mira desde ese adentro hacia su afuera.

Y este juego de puntos de vista y blancos de atención se vuelve su actitud permanente, un continuo feedback:

Con los presupuestos de la cosmovisión adquirida desde la infancia, es decir con el instrumento mental a su disposición, analiza y aprehende la cultura local de un modo global y pormenorizado.

Pero, a su vez, los nuevos datos adquiridos le sirven para redimensionar su propia cosmovisión.

Con su cosmovisión redimensionada, retoma el análisis de la realidad que sigue ofreciéndole nuevos datos.

La persistencia de este feedback se explica un poco por la costumbre y mucho por la conveniencia. Si quiere volverse competente, el extranjero se ve obligado a hacer este análisis ante cualquier eventualidad y durante mucho tiempo, tantas veces que termina por resultarle consuetudinario. Por eso termina también por convencerse que le conviene continuar con esa costumbre, porque se da cuenta de que le significa muchas veces estar mejor preparado para la competencia que los mismos autóctonos.

Además, con el tiempo se da cuenta de que la pregunta que tan insistentemente se había hecho, sobre cuánto podía valer lo que había aprendido hasta ese momento, adquiere un cariz completamente nuevo. Se suele decir que los hombres recién reconocen el valor de las personas o de las cosas, cuando las han perdido. Y todos conocen la frase del Evangelio, con ocasión de la visita de Jesús a Nazaret: *nadie es profeta en su tierra*. Los extranjeros terminan por hacer de estas dos aserciones una regla. Y concluyen: pocos logran saber lo que valen si no emigran.

Y a esta altura de nuestra incursión en el mundo de los extranjeros, creo resulte fácil explicar el por qué de esto. Cada uno de nosotros es para la sociedad nada más que lo que aparenta ser, o sea, tal cual la sociedad está acostumbrada a verlo, tal como ella lo ha clasificado. La cotidianidad de la convivencia vuelve a las personas, con sus expresiones culturales, artes, industrias, pensamientos y talentos, demasiado consuetudinarias, por no decir vulgares. A eso debemos sumarle que normalmente las mismas personas, por empacho, timidez o miedo del ridículo, rehúsan tener que destacarse de sus compañeros de todos los días, que ya están acostumbrados a encasillarlas dentro de una determinada manifestación y para no aparecer diferentes y romper así el equilibrio grupal, difícilmente se

88

atreven a abrirse paso para hacer cosas diferentes, a las cuales, sin embargo, se sienten inclinadas. Y por último, no debemos olvidar que las tareas de cada individuo lo absorben de tal manera, que no le dejan el espacio necesario para expresarse de una manera diferente de como le resulta cómodo a la sociedad.

Son muchas las personas que se ven obligadas por la propia necesidad o la de la sociedad o por las circunstancias a emprender una tarea, de la cual luego no pueden separarse, sea por hábito, sea por miedo de cambiarla por otra actividad tal vez más indicada para sus capacidades e inclinaciones, pero que no ofrece seguridad de éxito, o sea, por último, por ese empacho, del que hablábamos en el párrafo anterior, de sacudir a la opinión pública, obligándola a comenzar a verlas de otra manera.

Muchos extranjeros buscaron, justamente, la oportunidad de comenzar una actividad diferente o más a su gusto, en un lugar donde nadie los conocía, y por lo tanto, no los encasillaba. Otros no perseguían esa finalidad. Querían simplemente escapar de la pobreza y falta de futuro del propio país. Pero en la nueva tierra encontraron desemboques que ni siquiera sospechaban.

Y todo depende no sólo de ese análisis de su propia capacidad, de la cultura de origen y de la de llegada, sino sobre todo, del modo como lo lleva a cabo, o sea, de la dinámica y de la meta que se ha fijado desde el principio: convertir en ventajoso el inconveniente de ser un extranjero.

La dinámica del extranjero es muy semejante a la gran regla de las artes marciales orientales: no oponerse a la fuerza de los otros, sino más bien ayudarla para propio beneficio.

Empieza con su necesidad de escuchar, para aprender de los demás, que conocen las circunstancias mejor que él, de cuidarse de emitir juicios sin reflexionar, de juntar la mayor cantidad de datos posibles. Se acostumbra a dejar que hablen los demás, tratando de aferrar palabra por palabra y tratando de enmarcarlas en el panorama de la cosmovisión de los que hablan, pero analizándolas con los parámetros de su propia cosmovisión. De esa manera, muchas ideas, que para los demás son cosas archisabidas y por eso no tenidas en cuenta, serán sometidas por él a ese cuádruple análisis del que hablamos antes y el efecto de esos datos, gracias a su elaboración más completa, se multiplica.

Vemos entonces que la desventaja de no ser conocido por la sociedad en la que quiere establecerse se transforma en ventaja: si no lo conocen, puede presentarse en la forma en que él desee hacerlo. Y por otro lado, la desventaja de no conocer la nueva cultura también se vuelve ventaja: eso lo obliga a poner mayor atención que los autóctonos, a ser más cauteloso, a esforzarse más.

Creo que he insistido sobre este tema hasta el punto de cansar. Sin embargo lo he hecho porque lo considero fundamental para el propósito de este libro. Tanto es así que invitaría al lector a un repaso de las páginas anteriores, que llevan por título: *Diferentes, no mejores o peores*, tratando de comprenderlas a la luz de lo que ahora hemos dicho.

La psicología del extranjero

Vivir como un extranjero

Hemos repetido muchas veces que la emigración no es más que una de las tantas situaciones cruciales, que se pueden presentar en la vida de un hombre, pero que es diferente de las demás, por el hecho de que ha sido elegida libremente por los que la viven. Y a lo largo de las páginas anteriores hemos ido descubriendo que es tan explícita en sus componentes de causas y efectos, motivos que la provocan, metas que persigue, dinámica y resultados, que ofrece a los mismos emigrantes consejos precisos sobre como comportarse. En otras palabras, es una situación crucial con rumbos señalados.

Es claro que no existe un extranjero, sino muchos y de diferentes proveniencias, con grados diferentes de cultura y diferentes países de llegada. Pero las coincidencias observadas en su comportamiento nos ha hecho concluir que, a pesar de las diferencias, efectivamente hay un camino regular para recorrer el mundo de la extranjeridad.

Hemos dicho también que la condición de extranjero, de situación crucial, se vuelve con el tiempo situación vital permanente. Y hemos comprobado que los extranjeros tienden a transformar esas reglas, adoptadas en los primeros tiempos para hacer frente a la nueva vida, en normas que serán usadas continuamente para afrontar, con los mismos resultados positivos,

91

todas las situaciones, cruciales o no, que se les presenten en el resto de la vida.

Todo parece indicar que la efectividad de esta norma de vida, que hemos llamado filosofía del extranjero, no se debe al hecho de que los que la ponen en práctica sean realmente extranjeros, sino a la bondad de las reglas que la componen. Esto nos ha hecho pensar que pueden usarla, y con grandes ventajas, todos los que se encuentren en una situación crucial, cualquiera que sea.

En estos últimos años se publicaron una sarta de libros que presentan métodos abracadábricos de autoayuda, muchos de ellos dedicados justamente a personas que se encuentran en situaciones cruciales de la vida. En los años ochenta y ocho, ochenta y nueve, a raíz de un gran accidente y un sucesivo infarto, que convulsionaron mi vida y la de mi familia, comencé a ordenar todos estos conceptos que están expuestos en las páginas anteriores, porque me di cuenta de que, sin quererlo, por ósmosis, me había imbuido de una autoayuda probada y efectiva. Así fue como un día me sorprendí a mí mismo, hablando de *filosofía o psicología del extranjero*, un poco como desde siempre había hablado de *filosofía o psicología del rengo*.

Este trabajo no quiere ser un libro de autoayuda. Interesa más que se comprenda medianamente la esencia de la *extranjeridad*. Sin embargo, llegado a este punto, no hay duda de que esta *filosofía del extranjero* tiene todas las características de un método para afrontar las situaciones cruciales de la vida.

Tampoco caben dudas de que la denominación *filosofía del*

extranjero no es casual. Los que le dieron vida no lo hubieran alcanzado de no haber sido extranjeros, y prácticamente las reglas que la componen están basadas en esa condición de *niños-adultos*, de la que hablamos antes. Por lo tanto, adoptar esta filosofía presupone asumir también la condición de extranjeros. Esto no es para nada imposible; el sentirse extranjero está siempre latente en el hombre, aun quedándose entre los suyos, en su propio país, que nunca son completamente suyos o propios.

Lo importante no es ser un extranjero, en el sentido común del término, sino vivir como tal, compartir los pesares y desplegar los recursos de los que lo son realmente.

Tal vez no resulte fácil comprender cómo puede una persona que jamás salió de su país, o incluso de su terruño, vivir como extranjero, o sea adquirir las características de la cosmovisión de un extranjero, que son el resultado de una emigración y una subsiguiente inmigración, que son, en fin, una segunda naturaleza, adquirida paso a paso, como se trató de desarrollar en las páginas anteriores.

Concretamente he tratado hasta aquí de explicar lo que significa sentirse extranjero y de transmitir las vivencias de los que lo somos. Pero tal vez insistí demasiado sobre las enseñanzas que se derivan de esta experiencia, en desmedro de una descripción de los sufrimientos que produce el desarraigo que trae aparejado. Solamente los que han recorrido nuestro mismo camino saben a qué precio se deben pagar las ventajas de la emigración.

Al tratar ahora de proponer un modo de compartir la experiencia del extranjero no incluyo el dolor del desarraigo, pero sí tener en cuenta los dos aspectos que éste tiene.

1) Los que son realmente extranjeros viven intensamente ese dolor del desarraigo y logran hacer algo de positivo, solamente si se sobreponen a él y le dan un valor catártico.

2) Este dolor no es el único ni el más grande dolor que la vida le puede deparar a un hombre.

Y si admitimos el pensamiento del libro de Job: la vida del hombre es breve y llena de sufrimientos, debemos también admitir que a nadie le faltan dolores, a los cuales tener que sobreponerse y darles un valor catártico.

Flujo y reflujo

En los últimos decenios del siglo diecinueve y los primeros del siglo veinte, llegaban a la Pampa Argentina las bandadas de los inmigrantes golondrinas, como se les llamaba a los trabajadores estacionales que provenían de la Europa Meridional y permanecían solamente durante la cosecha de los cereales. En la segunda mitad del siglo veinte, en los países del Norte de Europa, tuvimos el fenómeno análogo de los heladeros italianos, que también permanecían sólo durante la estación estival. Lo mismo ocurre, en estos años, con la cosecha de la fruta en España y en Italia, que atrae a los peones africanos. Y no olvidemos la temporalidad forzada de los trabajadores temporeros en Suiza, ya no por decisión propia, sino obligados por la ley que les permitía trabajar sólo nueve meses, tras los cuales tenían que volver a su país por tres meses (hoy, en otras formas, existen todavía los permisos de trabajo temporales). Las emigraciones temporarias han existido siempre, porque siempre existieron trabajos estacionales, que requieren una mano de obra extraordinaria. Y a mí me parecieron siempre el colmo del sueño del emigrante: emigrar, trabajar un tiempo en el extranjero, ahorrar y volverse a casa con el dinero necesario para vivir bien entre la propia gente.

Pienso en mis abuelos, que jamás vendieron su propiedad en la falda de una colina del Piamonte, de la cual pensaron irse por algunos años para ganar dinero y volver, tal vez a comprar los terrenos linderos y criar allí a sus hijos y creo que no fueron diferentes de los demás emigrantes. Todos ellos viven soñando con el regreso y esa meta permanece siempre delante de sus ojos, hasta el punto de desear, por lo menos, que los sepulten en su tierra. Yo lo observé claramente en los inmigrados italianos y españoles de Alemania. Durante años vivían en buhardillas y tugurios, con tal de pagar alquileres bajísimos, ahorrar y comprarse o mandar construir una o dos casas en su patria, que tal vez jamás habitarían. En algunos casos ese anhelo es tan grande que lo transmiten a sus descendientes, de generación en generación, y llegan a crear fenómenos como el reflujo migratorio de los descendientes de italianos y españoles de Argentina o la Rückwanderung de los descendientes de los alemanes de Rumania o Rusia. En ambos casos, se trata muchas veces de terceras y cuartas generaciones nacidas en el extranjero. Y en el regreso no entra en juego solamente el problema económico, sino también la nostalgia de la tierra de origen. Una especie de síndrome del hijo pródigo, que en la

95

carestía recuerda lo bien que se estaba en la casa del padre.

Pero al mismo tiempo, como escribía en las primeras páginas de este libro, todos los emigrantes, si no lo saben en el momento en que abandonan el propio país, después de haber vivido unos años como emigrantes comprenden que ese sueño es una quimera, porque a un hipotético regreso físico no seguiría un efectivo regreso psicológico y él continuaría siendo un extranjero, porque el que retorna no es nunca el mismo que un día partió. Nuestros inmigrantes españoles, que tienen la suerte de volver a su tierra todos los veranos, y muchos años, también para Navidades, suelen decir: aquí en Suiza somos españoles, pero en España somos *los suizos*. Yo mismo, que, a partir de los veinte años he vivido en cinco países de dos continentes, cuando ocasionalmente vuelvo a mi país, a pesar de todos los esfuerzos por aparecer autóctono, muchas veces me escucho decir: *pero usted no es de aquí*.

O sea, para el emigrante ser extranjero deja de ser una cuestión geográfica y se transforma en un modo permanente de vivir, un criterio de encarar cualquier sociedad, porque ya no pertenece completamente a ninguna sociedad de ningún país.

Este es el punto de convergencia. Así como el emigrante a su regreso no pierde todo lo que le ha enseñado su vida de extranjero, también de la misma manera, alguien que nunca haya emigrado puede proyectar en su vida la experiencia de los extranjeros y vivir en su patria, con las concepciones de un emigrante retornado.

Más de una vez hemos dicho, en las páginas anteriores, que no todos los que parten, se separan del país. Es más, hemos hecho una neta distinción entre los emigrantes y los desterrados.

Viceversa, podemos decir ahora, que para separarse del país, no hay por fuerza que partir. Sería suficiente realizar el recorrido de la emigración mental, más importante aún que la corporal, para arribar a esa concepción de la vida de la que venimos hablando desde la primera página.

La emigración mental

Nadie puede ser emigrante sin alejarse de su país. En el párrafo anterior hemos hablado de una forma diferente de emigrar, no se trata de hacer maletas, subir a un avión o a un tren y partir del país, sino realizar todo este proceso de separación de la sociedad en que hemos nacido y vivido hasta hoy con nuestro apego y nuestra inteligencia. Le damos por eso el nombre de emigración mental.

Por más que se trate de un proceso mental, debe sin embargo recorrer todas la etapas de la emigración: partida, llegada e inserción.

Se debe partir, no de un lugar, pero sí de una determinada situación, de una patria mental en la cual nos hemos afincado. Podríamos decir, sin equivocarnos mucho, que más que la patria, lo que aceptamos, amamos y abrazamos es la imagen personal que tenemos de nuestra tierra y de nuestra sociedad. Como tal vez nos sentimos cómodos en esa patria, cabe preguntarse por qué partir. Esta partida presupone la necesidad de superar una difícil relación de desarrollo personal dentro de la sociedad en que vivimos.

Nadie toma el rumbo de la emigración si no está convencido de que es la única salida que le resta, después de reiteradas tentativas y exhaustivos análisis de las posibilidades de futuro que le brinda la patria. Por más que no pueda hacerse un cuadro real de las angustias del desarraigo que lo espera, el futuro emigrante siente un instintivo rechazo a irse, y lo ve siempre como una solución extrema. Además, alejarse de la patria no significa renegar de ella, sino enfocar su situación actual y su relación individual con ella, con el propósito de regresar, apenas se sienta en grado de cambiar esa relación. Quiero decir que el emigrante, más que de una sociedad, parte de su imposibilidad de realizarse en ella.

El primer paso de la emigración mental será, pues, el análisis de la situación personal de la que se tiene que partir, o sea, de la relación con el ambiente sociogeográfico. Hemos dicho ya que es más fácil salir del paisaje y de la sociedad, que de la propia relación con ellos.

¿En qué consiste la dificultad? Pienso que podemos describirla así: si bien es cierto que el ambiente condiciona al hombre, no debemos olvidar que éste, a su vez, lo colorea a su gusto. Es muy difícil, por lo tanto, saber cuál es la verdadera relación con el verdadero ambiente. La emigración mental da al individuo que la abraza la posibilidad de encarar este planteo.

Y esta relación la podemos enfocar desde dos puntos de vista: desde la idea que el individuo tiene de la sociedad y viceversa, desde la idea que la sociedad tiene del individuo.

Para que el individuo logre sinceramente descubrir qué significado tiene para él la sociedad en la que se ha formado debe, antes que nada, admitir que ésta inexorablemente condiciona de alguna manera a todos sus miembros. Por lo tanto en su caso concreto falta sólo saber cuánto, cómo y en qué campo esto se ha verificado.

Generalmente es fácil reconocer en los otros las huellas de la sociedad de que provienen. Notamos el acento, las costumbres, las tendencias. No es así de fácil cuando se trata de uno mismo. Para ello es necesario proyectarse fuera del contexto personal y regional, a fin de poderse cotejar con otras realidades psicosociales y poderse observar desde afuera. Si se tienen en cuenta los actuales conocimientos y relaciones internacionales y los flujos y reflujos migratorios, esto se ha vuelto más que posible.

La emigración mental no se detiene en el análisis de cuánto, cómo y en qué campo se está condicionado. Además, trata de establecer, a la luz de ese cotejo con otras culturas y de un examen imparcial, cuáles son los valores positivos y negativos de la cultura que lo condiciona.

Una pregunta que insistentemente me dirigen los que nunca han sido extranjeros es qué país me ha parecido el mejor. Con gran sinceridad suelo responder que no se puede hablar de países o pueblos mejores o peores, sino simplemente de diferentes. De todos modos, pienso que la pregunta nace del orgullo racista al que están sujetos todos los pueblos y que en el fondo esperan que les responda que el suyo es el mejor. Pero mi respuesta, como dije, es sincera y es la clave para el examen de que hablábamos en el párrafo anterior.

Partiendo entonces del principio de que la cultura de origen es

99

la que es y que no es el caso de considerarla mejor o peor, se llega a la conclusión de que no es de ella de quien hay que liberarse, sino de su presión, esto es del hecho de que impida alcanzar una visión objetiva de la realidad.

Y para lograr esto es necesario un buen conocimiento de la cultura misma. Cultivar las tradiciones locales, hablar bien el propio idioma, conocer la literatura, la música y otras manifestaciones artísticas del propio pueblo, todo esto significa dar un justo valor a la propia cultura y de este modo, prepararse para valorar a las otras. El lema de una revista literaria en dialecto piamontés, a la que estuve abonado, expresaba muy bien esta idea: *Hablar piamontés hoy significa vivir en la Europa del mañana.*

Y toda cultura tiene distintos niveles, a cual más importante:

- Un nivel familiar, una cultura de entre casa, de tradición atávica.

- Un nivel regional, cultura aldeana, costumbrista.

- Un nivel nacional, cultura más amplia, pero delimitada por las leyes y costumbres del país.

- Un nivel lingüístico, que abraza a casi todos los que hablan el mismo idioma, leen la misma literatura y por lo tanto, tienen culturas con paradigmas similares. Generalmente éste es el nivel que más se tiene en cuenta, pero no siempre es el más importante ni el que más condiciona. Por el contrario, este papel le toca más bien al nivel familiar o regional

La sociedad, que condiciona a los individuos, está constituida por esos mismos individuos, incluidos los que se decidieron a

100

emigrar. Y si hay un dicho que tendríamos que redimensionar es el que afirma que nadie es indispensable. Lo único que podemos asegurar es que para que la sociedad sea la que es son necesarios todos los individuos que la componen.

Por eso, además de la influencia que la sociedad ha ejercido sobre él, el individuo deberá analizar sus propias interpretaciones de la cultura de origen, sus autosometimientos a ella, sus miedos al ridículo y otros sentimientos por el estilo, que no le han permitido romper el cascarón con que, en buena parte por culpa de la sociedad, pero también por culpa suya, se ha dejado envolver. Porque si es verdad que muchas veces la sociedad sofoca al individuo, no lo es menos que pocos son los que se atreven a zafarse de su opresión, las más de las veces por ese respeto humano que hace temer el juicio, la desaprobación, la condena o las burlas que podrían seguir a una decisión de salir de lo rutinario, o sea del lugar en el cual ellos mismos se han colocado y han acostumbrado a la sociedad a verlos.

La sociedad, en conclusión, ve al individuo enmarcado en un determinado valor, en un determinado trabajo, en una determinada ideología. Esta determinación tiene mucho de gratuito, pero por lo general corresponde en buena medida a la idea que el mismo individuo ha sugerido. Salir de ese encasillamiento es, por lo tanto, también tarea suya.

La inmigración mental

101

De todos modos, si para ser un extranjero se requiere salir del propio país, emigrar, mucho más todavía se requiere llegar a otro, inmigrar.

Puede haber muchos grados de extranjeridad. Comenzando por el turista que lo es sólo accidentalmente, siguiendo con el verdadero inmigrante, o sea el que tiene que insertarse completamente en una nueva sociedad, hacerse un lugar, encontrar vivienda, trabajo, aceptación, y pasando por los inmigrantes a medias, como los estudiantes, contratados, asistentes, asesores, etc,, hasta llegar a los colonizadores, para no contar a los invasores. Y no hablemos de los matices de intensidad que podemos encontrar en cada categoría. Por ejemplo, mis abuelos gringos, emigrados de Europa, inmigrados en Argentina, fueron, sin embargo, colonizadores de una Pampa desierta. Y ya al principio de este trabajo, vimos como, tanto los desterrados, como los emigrantes, partidos de un país, a veces no consiguen refugiarse realmente en otro, por más certificado de asilo o de residencia que ostenten.

Pues bien, si ser un extranjero no es fácil, cuánto más difícil será vivir como extranjero. Y cuánto más todavía lo será si esto debe suceder entre los connacionales, como en el caso de la migración mental que proponemos ¿cómo puede alguien mirar como a extranjeros a padres, hermanos, esposa o esposo, hijos, parientes, amigos o conciudadanos? Justamente por eso he querido hablar de flujo y reflujo y he insistido tanto sobre el hecho de que, una vez asumida la postura de extranjero, se continúa actuando como tal, aun después del retorno a la propia patria.

No se trata solamente de cuan extranjera nos sea la sociedad a

102

nosotros, sino de cuan extraño a ella sea nuestro propio yo.

Y creo que, por un lado, la verdadera sociedad, no esa que creemos conocer, tiene para mostrarnos todavía muchas facetas que ni nos soñamos, y por otro lado, nosotros le hemos mostrado apenas una ínfima parte de lo que somos, podemos y queremos.

En conclusión, después de haber emigrado de la opresión condicionante de la sociedad y de nuestra relación con ella y de haber acompañado el difícil recorrido de los verdaderos extranjeros y de haber adoptado la postura con que ellos encaran a la sociedad que los hospeda, no nos resta más que acomodarlo todo a nuestra vida y de observar, con sus ojos, la realidad como nueva y nunca vista.

En estos últimos años, en diversos puntos del globo se está dando algo parecido a esta postura. Hablamos de pueblos con problemas sociales y políticos de América Latina, África y Asia. Algunos miembros de esos pueblos se han percatado de los problemas, han rechazado el manejo oficial de la cosa pública, se han puesto en evidente oposición al statu quo, pero no abandonan el país, o si lo hacen es sólo para prepararse profesionalmente y volver, y se dan plenamente y a sus propios costos, a una tarea de cambio social. En el fondo, en este caso con una finalidad altruista, no hacen más que una migración mental, puesto que abandonan un país en el que no encuentran cabida, para realizarse en un país que les es siempre extraño, pero en el cual construyen su propia utopía.

Este proceso servirá en un modo especial a los que se encuentren en una situación crucial de la vida, aunque diferente de la emigración. Porque toda situación crucial, cambio de trabajo,

103

pérdida de una persona, de un estado, de un patrimonio o de cualquier cosa o conjunto de cosas, que nos ponga delante de una encrucijada más o menos importante, se la puede comparar con la emigración y se la puede resolver con los mismos recaudos. Pero también a los que aparentemente no se encuentran ante un cambio de vida importante les hará bien rever su propia cosmovisión, hasta ahora tal vez nunca confrontada.

Analizar metódicamente

Les propongo un método

Ya he reconocido que no resulta para nada fácil explicar como se puede lograr ese camino de la emigración-inmigración mental, sin alejarse del país. Tal vez este método que les presentaré les pueda servir.

En el continente latinoamericano, desde la segunda mitad de los años sesenta hasta la primera mitad de los ochenta, se inició, se probó y se desarrolló un método que debería llamarse Trialéctica Sistémica, pero que terminó con el nombre de Cibernética Social, por el amplio uso del feedback en el campo social.

Este método se proponía la desmitificación total de las viejas cosmovisiones (Weltanschauungen, visiones globales del mundo), a favor de la personalización, de la nueva vida grupal y social, sobre bases firmes y meditadas. Aun cuando se basaba en la teoría de los sistemas y usaba un criterio cibernético, su propósito era una reafirmación humanística, contraria a cualquier tipo de automatización. Durante dieciocho años se difundió oralmente desde las periferias de Río de Janeiro a buena parte de la América Latina, como método de enseñanza comunitaria, de cambio personal, grupal y social, filosófico, civil y religioso, sobre todo en las comunidades de base. Solamente en 1984, su iniciador, Waldemar de Gregori (ya su apellido nos habla de un hijo de inmigrantes), publicó un manual en San Pablo.

Personalmente, yo lo he adoptado como guía para todo trabajo, planteo o reflexión. También este libro ha sido organizado siguiendo su esquema. A mí, que soy muy desordenado, me ha servido para hilvanar bien mi pensamiento y darle una continuidad, pero también para alcanzar conclusiones imparciales.
Como afirmo al final de mi vuelo de pájaro sobre este método, no encontrarán aquí una explicación exhaustiva sobre su alcance. Pero en estas páginas están todos sus elementos. Bastará, por lo tanto, detenerse un poco y prestar atención a cada paso sugerido. Les aseguro que el tiempo que les tome, será todo ganancia.

La Trialéctica Sistémica

¿En qué consiste este método?

Este método tiende a proponer una visión de la realidad que sea lo más global posible.

Para ello, parte de tres conceptos básicos

- La realidad, o mejor dicho, toda parte de la realidad que sea objeto de nuestra investigación, está considerada como un sistema (más adelante diremos qué es lo que se entiende por sistema).

- Debe presentarse a nuestro análisis con un aspecto global. Y a ese aspecto global se lo compara con una imagen tridimensional (dimensiones horizontal, vertical y de profundidad).

- Cada una de estas dimensiones y las facetas de cada una de ellas retoman y reestructuran a las otras dos dimensiones y a todas las facetas de cada una de ellas.

Estos tres conceptos están cuidadosamente representados en el cuadro de referencias que vemos en la página siguiente.

Éste no es un cuadro sinóptico, como cualquiera podría pensar por su aspecto, sino un cuadro de referencia, o sea un conjunto de conceptos técnicos que forman un esquema para organizar el análisis de los hechos y de la realidad.

Se lo llamó hológrafo, porque pretende ser un descriptor o representador de la imagen tridimensional o global de cualquier objeto que se quiera analizar. O sea, se lo comparó con un aparato para hacer holografías, esas fotografías tridimensionales, logradas con el rayo láser, gracias a los cálculos de Dennis Gabor.

Está compuesto por:

- Una elipse punteada, que encierra las tres dimensiones de un sistema.

- Una flecha a la entrada, que indica los inputs (datos que se agregan) y otra a la salida, que indica los outputs (resultados del análisis). Estas dos flechas conectan la elipse con otras anteriores y posteriores, con las cuales se forma una cadena o ciclo.

- Una flecha que parte de los outputs y vuelve a los inputs, con una bifurcación al interior de la elipse, que indica un proceso constante de verificación de resultados y de realimentación o redimensionamiento de los datos ya analizados a la luz de los resultados. A este proceso se le da el nombre de feedback.

- Antes y después de los elementos de la tres dimensiones está el ciclo cibernético, que indica los pasos a seguir con los inputs y outputs.

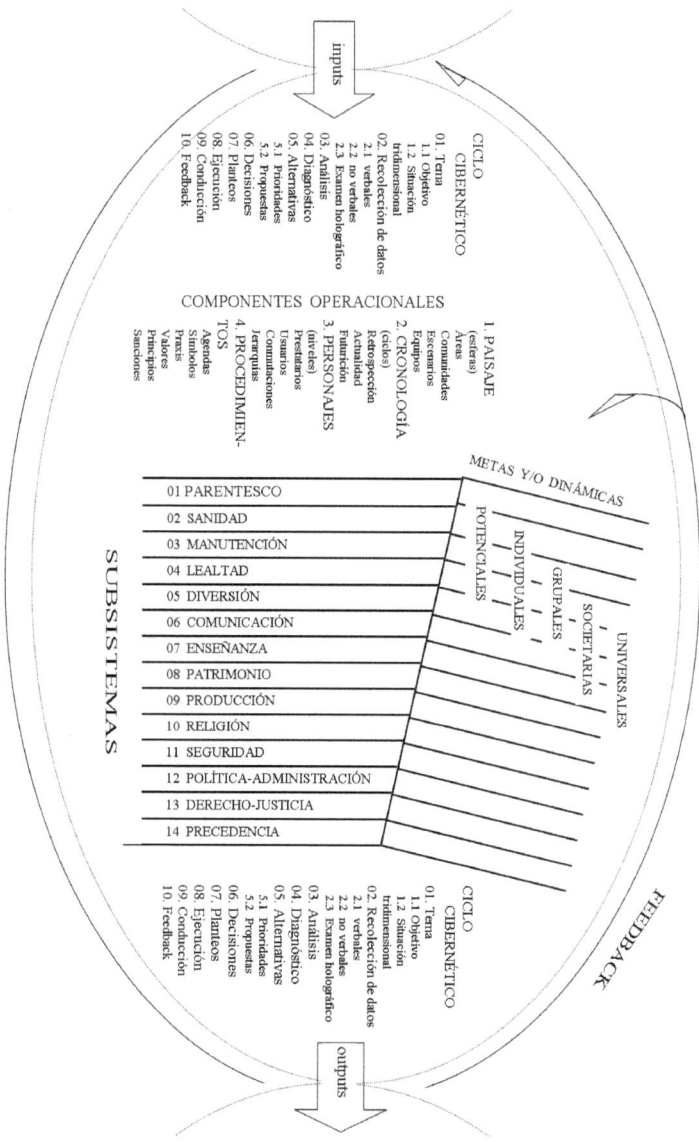

inputs

CICLO
CIBERNÉTICO
01. Tema
1.1 Objetivo
1.2 Situación
tridimensional
02. Recolección de datos
2.1 verbales
2.2 no verbales
2.3 Examen holográfico
03. Análisis
04. Diagnóstico
05. Alternativas
5.1 Prioridades
5.2 Propuestas
06. Decisiones
07. Planteos
08. Ejecución
09. Conducción
10. Feedback

COMPONENTES OPERACIONALES

1. PAISAJE
(esferas)
Áreas
Comunidades
Escenarios
Equipos
2. CRONOLOGÍA
(ciclos)
Retrospección
Actualidad
Futurición
3. PERSONAJES
(niveles)
Prestatarios
Usuarios
Comunidades
Jerarquías
4. PROCEDIMIEN-
TOS
Agendas
Símbolos
Praxis
Valores
Principios
Sanciones

METAS Y/O DINÁMICAS

	POTENCIALES	INDIVIDUALES	GRUPALES	SOCIETARIAS	UNIVERSALES
01 PARENTESCO					
02 SANIDAD					
03 MANUTENCIÓN					
04 LEALTAD					
05 DIVERSIÓN					
06 COMUNICACIÓN					
07 ENSEÑANZA					
08 PATRIMONIO					
09 PRODUCCIÓN					
10 RELIGIÓN					
11 SEGURIDAD					
12 POLÍTICA-ADMINISTRACIÓN					
13 DERECHO-JUSTICIA					
14 PRECEDENCIA					

SUBSISTEMAS

CICLO
CIBERNÉTICO
01. Tema
1.1 Objetivo
1.2 Situación
tridimensional
02. Recolección de datos
2.1 verbales
2.2 no verbales
2.3 Examen holográfico
03. Análisis
04. Diagnóstico
05. Alternativas
5.1 Prioridades
5.2 Propuestas
06. Decisiones
07. Planteos
08. Ejecución
09. Conducción
10. Feedback

FEEDBACK

outputs

109

Sistema

Hemos dicho ya que toda la realidad y en particular, la parte de la realidad que en cada caso es objeto de nuestra investigación, debe ser considerada como un sistema. Ahora bien ¿a qué se le llama sistema?

Un sistema es un conjunto de elementos que conservan cierta relación entre sí, se organizan dentro de un mismo molde o parámetro y tienden a un mismo resultado o función, a saber: determinar y expresar a una parte de la realidad.

No hay duda de que la definición es precaria, pero prefiero dejarla así. El ejemplo siguiente tal vez pueda aclararla

Un sistema cualquiera puede ser la casa.. Se trata de un conjunto de elementos como paredes, puertas, ventanas, habitantes, muebles, vidrios, cortinas, aparatos, etc., todos ellos relacionados entre sí y organizados de tal modo que dan un resultado que es: esta casa

Los elementos de un sistema no le son exclusivos. Estos pueden pertenecer, al mismo tiempo, también a otros sistemas. Lo que determina que pertenezcan a un sistema o a otro es el parámetro que hace las veces de límite, de epidermis, o sea de la motivación que lleva a considerarlo parte de éste y no de otro sistema. Por lo tanto, existe una interdependencia, una ósmosis entre un sistema y otro. Es así como el mismo elemento puede pertenecer a un sistema por un motivo y a otro sistema, también por otro motivo. Y esto, aunque parezca reiterativo, porque todo sistema no es más que una porción de la realidad, cuyos componentes tienen alguna característica común que sirve de cohesión o límite.

Un ejemplo simple lo explicará mejor: un muchacho, en cuanto humano, pertenece al sistema humanidad, en cuanto estudiante, al sistema escuela, en cuanto hijo, al sistema familia, en cuanto enfermo, a los sistemas sanidad, hospital, medicina, y así en más. Este es el motivo por el cual, en el cuadro de referencias de la página anterior, representamos al sistema con una elipsis punteada que indica su permeabilidad, es decir la posibilidad de entrada y salida de elementos de un sistema a otro.

O sea, la realidad se nos presenta como una cadena de sistemas interrelacionados.

Imagen trialéctica o tridimensional del sistema

En la historia del pensamiento humano, el camino para alcanzar la verdad en un primer momento fue marcado por las teorías monolécticas, que sostienen el dogma, una única cara de la verdad que no acepta la contradicción, porque se considera falsa, herética. Después apareció la dialéctica, que en cambio daba cabida a la legitimidad de la idea opuesta a la oficial. Y en la dialéctica de Hegel, con la solución de tesis, antítesis y síntesis, se propone ya una trinidad del pensamiento.

Éste es más o menos el camino que propone la trialéctica sistémica. No tres verdades igualmente válidas, sino una visión tridimensional de la realidad. O sea, afirma que la realidad se presentaría en tres dimensiones: experimental, específica y teleológica.

1) Experimental: así como se la ve, en un determinado lugar y tiempo, en compañía de Fulano, Mengano o Zutano, de esta o de aquella manera. En el cuadro de referencias, esta dimensión está representada por los componentes operacionales.

2) Específica: con un determinado puesto en nuestra vida, en nuestra sociedad, en nuestro conocimiento. O sea los subsistemas del cuadro de referencias.

3) Teleológica: con una determinada finalidad, tanto para nuestra vida, como para nuestra relación con la sociedad. Las metas y dinámicas del cuadro de referencias.

Algo así como si los tres modos de enfocar la realidad de nuestro cuadro de referencias representaran:

1) los componentes operacionales: a la dimensión horizontal,

2) los subsistemas: a la de profundidad y

3) las metas o dinámicas: a la vertical.

Los componentes operacionales

Son la dimensión horizontal de la realidad. Indican las circunstancias en las cuales ésta se encuentra.

El paisaje, el espacio, el lugar en que está situada. Tiene varios aspectos: uno geográfico (áreas), otro comunitario (comunidades), otro ambiental (rural, urbano, etc) (escenarios) y otro cualitativo, de confort (equipos).

La cronología, el tiempo, con el pasado, presente y futuro de la misma realidad.

Los personajes, los agentes que tienen relación con la realidad, sea como prestatarios, sea como usuarios.

Los procedimientos, que enlazan las otras circunstancias y tejen el hecho histórico.

Los subsistemas

Son la dimensión de profundidad, indican el valor social de la realidad. Y en toda sociedad, desde la más primitiva hasta la más evolucionada, encontramos estos catorce subsistemas que describen la totalidad de la organización humana.

1 - **Parentesco**: la familia y todo lo que a ella se refiere.

2 - **Sanidad**: todo lo que se refiere a la salud.

3 - **Mantenimiento**: todo lo referido a la alimentación y al vestuario.

113

4 - Lealtad: todo lo que se refiere a la amistad y a las relaciones humanas.

5 - Diversión: el tiempo libre y el solaz.

6 - Comunicaciones: todo lo que se refiere a las comunicaciones orales, visuales y escritas y a las conexiones entre un lugar y otro.

7 - Enseñanza: todo lo concerniente a la transmisión del conocimiento.

8 - Patrimonio: bienes, propiedad, ganancias.

9 - Producción: el trabajo y sus frutos.

10 - Religión: la fe en Dios y en lo sobrenatural.

11 - Seguridad: todo lo que hace a la defensa.

12 - Política-administración: la organización y gobierno de la sociedad.

13 - Derecho-justicia: lo que se refiere a la ley.

14 - Precedencia: todo lo que se refiere a los méritos y a las condecoraciones.

No siempre es fácil saber a cuál subsistema corresponde cada elemento, en cada circunstancia. Por ejemplo, la casa, en cuanto es la habitación de la familia, corresponde al parentesco, en cuanto está limpia, a la sanidad, o si a limpiarla se refiere, al mantenimiento, en cuanto es una propiedad, al patrimonio, en cuanto protege, a la defensa, etc. Lo importante es no caer en la trampa de la propia cosmovisión. Un médico, por ejemplo, deberá cuidarse de ver todo bajo el subsistema sanidad.

Las metas y/o dinámicas

Son la dimensión vertical de la realidad. Todo elemento que tiene un puesto en el espacio y el tiempo y que es procesado por personajes determinados y colocado en uno o más subsistemas, tiene un modo de proceder y una finalidad.

En las metas y dinámicas podemos encontrar cinco graduaciones.

Potenciales: meta o dinámica natural de cualquier subsistema (ejemplo: de la religión: la fe).

Individuales: las mismas meta y dinámica canalizadas para beneficio particular.

Grupales: referidas a un grupo o institución. Dado que un grupo incluye a más de una persona, en esta graduación tenemos:

1) un plan de metas para cada individuo,

2) un plan de metas hacia la faja interna del grupo (para el crecimiento del grupo mismo),

3) un plan de metas del grupo hacia la faja externa (para la sociedad y el universo).

Societarias: cuando tienden a la supervivencia de la sociedad como tal, a la conservación, realización, renovación y disfrute de la existencia en común, como sociedad, cultura o nación.

115

Universales: que tienden a las aspiraciones más altas (ejemplo: de la sanidad, la vitalidad).

Como usar el cuadro de referencias

Como ya hemos dicho, el hológrafo es un cuadro de indicaciones. Enumera todos los aspectos de cada dimensión para que no se nos escape nada en nuestro análisis global de la realidad. También hemos dicho que el ciclo cibernético que encontramos dentro de la elipse, antes y después de las referencias de las tres dimensiones, es justamente una guía de pasos a seguir. A continuación trataremos de utilizarlo, siguiendo sus diez pasos para analizar un argumento cualquiera.

Paso 1) Tema

Lógicamente lo primero que tenemos que aclarar es qué tema vamos a analizar. En este ejemplo que trataremos de desarrollar con el solo interés de explicar, de una forma más práctica, el uso del cuadro de referencias, elegimos el tema: la casa.

Recordemos que toda porción de la realidad debe considerársela como un sistema, o sea un paquete de elementos. Es bueno por lo tanto, que fijemos desde ya un objetivo. En el caso nuestro, analizaremos una casa X, para saber si es conveniente

116

para que nuestra familia se mude allí. Hagámonos un somero
cuadro de su situación tridimensional: ¿cómo la vemos?

Paso 2) Recolección de datos

Tratemos de averiguar lo más que podamos sobre el tema. De
la casa oigamos todo lo que nos dicen, ya sean sus habitantes
actuales, ya sean los vecinos, ya sean todos los que creemos
que pueden aportar noticias útiles.

Así mismo trataremos de ver los planos y toda la documenta-
ción escrita que haya sobre la casa y no por último, un estudio
de la construcción, apariencia, detalles de disposición de las
habitaciones, etc.

Con todos estos datos haremos ahora un examen holográfico
completo, siguiendo paso por paso, el esquema de referencias
de cada dimensión.

Y no debemos olvidar desde hora que todo dato nuevo puede
corregir o rever a los anteriores.

Componentes operacionales ¿Como se presen-
ta la casa?

Paisaje: zona, ciudad, barrio. Tipo de ciudad y de barrio:
industrial, comercial, residencial, etc. Disposición de la

117

casa, a la calle, interna, departamento a la calle, al patio, puntos cardinales, disposición de las puertas al exterior y las ventanas, etc. Como está equipada. Cantidad y condición de los ambientes, ascensor, otras comodidades, carencias, estado actual de la construcción, etc.

Cronología: cuándo fue construida. Qué reformas tuvo. Qué se debe hacer inmediatamente, para habitarla. Para qué posibles reformas futuras se presta. Uso que tuvo y usos que pensamos darle.

Personajes: Quiénes la habitaron o la habitan. Quiénes pensamos habitarla, con sus necesidades o pretensiones. Quiénes tienen la responsabilidad dentro del grupo. Grado de dependencia de los miembros del grupo.

Procedimientos: Intenciones que tenemos. Significado de la nueva casa, práctica de nuestro traslado a ella, nuevos valores que puede añadirnos, pérdidas y ganancias, balance de conveniencias e inconveniencias, etc.

Subsistemas ¿Cuáles son las consecuencias sociales de esta casa?

Parentesco: Consecuencias que puede tener para la relación familiar, reparto de ambientes, derecho de uso de las habitaciones, etc.

Sanidad: Condiciones sanitarias, defectos de humedad, servicios, luminosidad, cercanía de servicios médicos, etc.

Manutención: Comodidad para la alimentación y para la mantención de vestidos, cercanía de centros comerciales, etc.

Lealtad: Posibilidad de cultivar relaciones humanas, asociaciones y clubes del vecindario, comodidad para las visitas de nuestras amistades y de nosotros a ellas, etc.

Diversión: Locales de la casa que se pueden dedicar a las distracciones hogareñas, establecimientos deportivos y de recreación de los alrededores, etc.

Comunicaciones: Transportes, calles y conexiones, lenguaje de los vecinos y posibles interlocutores, comodidades de la casa para una buena comunicación entre los habitantes, etc.

Enseñanza: Establecimientos de enseñanza de los alrededores, posibilidad de una sala de lecturas, etc

Patrimonio: Bancos, cooperativas y otros establecimientos cualquieras que sean.

Producción: Posibilidad de realización laboral.

Religión: Comodidad para practicar la religión dentro de la casa y en la zona, cercanía de iglesias o centros de espiritualidad, etc.

Seguridad: Tranquilidad de la zona, vigilancia de las fuerzas públicas, iluminación, densidad de población, etc.

Política-administración: Posibilidad de información sobre las cuestiones públicas, criterios de la administración local, partidos que operan en la zona, etc.

Derecho-justicia: Analizar bien contratos de compra o alquiler de la casa, conocer las leyes a que se atienen, los reglamentos del consorcio y todo lo que se refiere a leyes, para lo que hace a la habitación en esa casa.

Precedencia: Dónde colocaremos cuadros de nuestros antepasados, qué deberemos respetar en nuestra permanencia en esa casa, héroes locales, etc.

Metas y dinámicas

La meta potencial de una casa es ciertamente la habitabilidad, pero al querer mudarnos a una precisa casa, podemos tener determinada meta, en comparación con la que habitamos hasta ese momento, como por ejemplo: mayor salubridad, cercanía a nuestro puesto de trabajo, etc.

Y esto puede ser considerado individualmente, lo que a veces puede ser absoluto, por ejemplo: si se trata de la persona que con su trabajo mantiene a todos los demás. Pero normalmente se tienen que considerar las metas (lo que se quiere lograr) y las dinámicas (como se tiene que actuar) de los grupos internos, como los padres por un lado y los hijos por el otro. Y se deben analizar las de toda la sociedad que tendría que habitar esa casa. Un equilibrio entre todas esas metas es lo que se debería tener en cuenta.

No sirve de nada, por ejemplo, una mejor posibilidad de desarrollo de los padres, si peligra la educación de los hijos.

Paso 3) Análisis

A nadie se le escapa ciertamente que este análisis propuesto no es más que un ejemplo y que puede ser mucho más amplio y determinado. Vuelvo a repetir que no se debe nunca olvidar la

121

mentalidad de feedback con que se debe encarar este análisis. Cada nuevo dato puede y debe revisar a los anteriores, darles nueva luz y someterse a cambiar de peso a la luz de los demás.

Un ejemplo muy concreto nos hará comprender mejor esto. Una casa puede ser más saludable que otra, pero si dentro del grupo que quiere habitarlo hay un discapacitado y la casa ofrece barreras arquitectónicas, entonces ya no lo es.

Pasos 4 y 5) Diagnóstico y alternativas

Ante este panorama global y completo de la casa, podemos diagnosticar la conveniencia de habitarla, las posibilidades y carencias que nos ofrece. Y nos encontraremos entonces ante alternativas (por ejemplo con otras casas que hemos visto). Estudiemos ahora cuáles son las prioridades de nuestra búsqueda y cada cual proponga sus conclusiones.

Pasos 6 a 9) Decisiones, planteos, ejecución y conducción

Después de haber evaluado todas las propuestas, se tomará una decisión, se plantearán los medios para llevarla a cabo y se procederá a ejecutarla, para lo cual se acordarán las directivas.

Paso 10) Feedback

No quiero cansar con la insistencia. Pero la clave de todo este proceso está en la continua revisión de los resultados anteriores, a la luz de los nuevos datos.

Advertencia

Espero que este ejemplo del uso del cuadro de referencias haya aclarado bastante el alcance del método de la trialéctica sistémica. Sé muy bien que se debería hacer una explicación más exhaustiva, pero no es éste ciertamente el lugar para ello. Sirva por lo menos para tener una idea sobre la necesidad y posibilidad de verlo todo en su globalidad, modo al que el extranjero se ve forzado por su vaivén entre la cultura de origen y la de llegada.

Volver a descubrir la sociedad

Un constante feedback

A esta altura , espero haber expresado con mediana clareza la amplitud, apertura mental, superación de cualquier esquema, propia de esta *filosofía del extranjero*, que más que un método es una actitud, una mentalidad, una disposición. En otras palabras, la característica del extranjero es la de haber asumido su propia realidad y no detenerse en una cosmovisión unilateral, sino dar espacio a todos los enfoques posibles.

Parece oportuno utilizar las notas acumuladas durante años de asistencia a inmigrantes de diferentes proveniencias y radicados en diferentes países y analizar aquí buena parte del resultado final de su visión de extranjeros. Aplicaremos a esa experiencia cada uno de los catorce subsistemas de la organización humana, como los vemos en el cuadro de referencias de la cibernética social. De esta manera trataremos de mostrar como ven ellos la realidad social.

Hasta ahora habíamos acompañado el recorrido físico y psicológico, desde la decisión hasta la puesta en marcha del proyecto de emigrar y de radicarse en otro país. Ahora veremos la vida normal del extranjero, aun después de muchos años de estar radicado en la sociedad que lo hospeda.

No se pretende presentar un estudio profundo de su visión, que de todos modos oscila constantemente. Tampoco presentar

124

esta visión como mejor, sino apenas como diferente. Lo positivo que ella puede tener es el hecho de haberse liberado de los condicionamientos de la sociedad de origen o de haberlos, por lo menos, cotejado con la cultura de llegada para redimensionarlos.

Y una vez más encontramos la palabra redimensionar. Confieso que en uno de los repasos del primer texto, se me ocurrió que repetía demasiado esta palabra o mejor dicho este concepto y que tal vez hubiera sido bueno substituir algunas frases, en beneficio de la elegancia literaria, aunque no creía que alguien pudiera buscarla y mucho menos encontrarla en este trabajo. Pero después de una detenida reflexión, llegué a la conclusión de que en todo caso, habría tenido que reemplazar todo el resto y dejar inalteradas justamente las expresiones como redimensionar, volver a valorar, reelaborar y otras por el estilo, que sintetizan la postura del extranjero.

Por lo que hace a este paseo por los subsistemas de la organización humana, que ahora vamos a recorrer, es importante recordar que en las familias de los extranjeros existe una dualidad de visión.

En ellas encontramos **dos imágenes del país de origen**: la de los padres, concreta, una geografía y una sociedad vividas, pormenorizadas, familiares, y la de los hijos, un país de leyenda, del cual se tiene la marca y un recuerdo ancestral de algo no vivido.

Y hay **dos imágenes del país de llegada**, una del lugar concreto y familiar, vivido por los hijos y la otra del fugaz y nunca comprendido del todo, de los padres.

125

La familia

En los pueblos que tienden a la unidad étnica, aunque migrantes, como los gitanos y otros pueblos nómades, el concepto de familia se amplía hasta el clan y adquiere, a veces, connotaciones religiosas de pueblo electo y lengua sagrada. Algunos de estos pueblos pueden ser nómades o errantes por factores políticos, económicos o históricos, pero no se pueden considerar emigrantes, porque se desplazan como pueblo y arrastran consigo toda su tradición cultural. Vale decir que aunque no tengan una unidad territorial, conservan la unidad étnica, religiosa y social, de la cual no se alejan ni a través de generaciones.

Los pueblos que no tienen tales tendencias o por lo menos no las tienen tan radicales, demuestran, en cambio, que la idea de familia puede variar mucho con la emigración. Suficiente prueba la tendríamos ya, si observáramos los cambios operados a este respecto en Europa, a partir de los movimientos migratorios y de los nuevos conceptos de libertad desarrollados después de la guerra. Y tengamos en cuenta que en este caso se trata de una emigración interna, en la cual faltan la mayor parte de las circunstancias determinantes de la emigración más allá de las fronteras.

Se habla mucho de la crisis de la familia y se tiende a culpar al confort, al bienestar, al consumismo, a la libertad casi desenfrenada de nuestro tiempo. Todas estas causas son, en efecto, muy importantes, pero que no se ha tenido en cuenta suficientemente otra causa concomitante, que es la separación de la unidad socioterritorial, un tema que analizaremos más adelante, cuando tratemos el subsistema religión.

El emigrante se aleja de su sociedad, que ha funcionado automáticamente como regulador de su comportamiento y en la nueva sociedad, por lo menos por un cierto tiempo, hasta que se haya ubicado psicológicamente, no va a tener los instrumentos suficientes para lograr insertarse del todo. Durante este tiempo pierde un modelo de guía, también en referencia a su familia.

Decir que la familia es la célula de la sociedad, en la realidad cotidiana, no es más que una frase muy hermosa, pero poco efectiva y que se puede verificar solamente en el sentido negativo, en cuanto la destrucción de la familia se refleja inexorablemente en el derrumbe de la sociedad.

La relación constante con el clan no permite que cada uno de los miembros de la familia vea imparcialmente sus deberes para con ella. Al contrario, muchas veces el individuo ve en la familia un injusto obstáculo para poder dedicar más tiempo a la sociedad, lo que podría granjearle gratitud y honras que lo harían sentirse bien y le darían importancia. Sobre todo porque frecuentar a la sociedad suele significar frecuentar a aquellos, al lado de los cuales se está bien, porque adulan o buscan adulación, creando así una relación que más sabe de complicidad que de comprensión, pero en la cual todos se sienten cómodos. Además, generalmente el desinterés por la familia no es más que un desconocimiento de su valor, porque nunca fue necesario ponderarla.

Y ésta es la experiencia de todos los miembros de la familia. Por lo tanto, muy a menudo sucede que cada uno de ellos no sólo no siente necesidad de los otros, sino que se da cuenta de que tampoco los otros sienten necesidad de él.

De todos modos, en las sociedades tradicionales existe un reglamento de vida familiar que varía mucho, de acuerdo con el modo de ser de los pueblos (basta cotejar las familias latinas con las germanas), pero que de una manera u otra, le pone límites al individualismo.

En el caso de los emigrantes, el primer efecto de la distancia es el de limitar la familia a los miembros que están cerca, con los cuales se está permanentemente en contacto. Para los parientes que se quedaron en la patria resta sólo la posibilidad de contacto a través del correo, el teléfono y las visitas esporádicas. Tenemos, sin embargo, que reconocer que los medios actuales de comunicación, teléfono abaratado, internet y vuelos muy baratos, están facilitando mucho las relaciones. Así y todo, en ambos extremos los grupos se amplían y los recién nacidos, que se van agregando son poco, más que unos desconocidos para los parientes lejanos. La diferencia de intereses y sistemas de vida provoca también una diferencia de puntos de vista y la lejanía física se vuelve una lejanía de mentalidad.

Paralelamente, el contacto con el reducido núcleo familiar se vuelve más intenso e íntimo, ya sea porque representan todo lo que se tiene de la patria, ya sea porque son los únicos con los cuales no hay que esforzarse para comprenderse mutuamente, ya sea, en fin, porque sufren el mismo desarraigo. El extranjero que se ve obligado a frecuentar constantemente un mundo extraño y reacio, casi hostil a sus esfuerzos, encuentra en el hogar un refugio, un nido donde puede ser él mismo, hablar su idioma, seguir costumbres que le dan seguridad y ve en su familia una síntesis de lo que más quiere. En una segunda etapa de la inserción en la nueva sociedad, si los resultados individuales no son iguales, puede suceder que el miembro de la familia que mejor se ha introducido comience a ver a los otros como un obstáculo para sus progresos. Pero, generalmente, nace en ese caso el orgullo de hacer de jefe del grupo, guiando a la familia por los secretos de la nueva cultura.

En este sentido se puede verificar un segundo fenómeno. La relación entre mayores y menores cambia totalmente. Los primeros tienen mucho que decir sobre la sociedad de origen y adquieren un valor de tradición nostálgica. En cambio,, por lo general, son los jóvenes los que más conocen de la sociedad en la que se está viviendo, los que han aprendido mejor el idioma y las costumbres. No creo que sea difícil comprender que los niños que he visto acompañar a sus padres a las oficinas, al médico, a hacer las compras, debían sentirse, por fuerza, más protectores que protegidos. Además, mi experiencia personal es que casi todos los extranjeros, aun los de cultura superior, representan para los hijos una especie de modelo superado, algo que podía estar bien en otros tiempos y en otros lugares. Y esto se explica, sobre todo, porque los jóvenes constatan que gran parte de los errores que ellos cometen y su cosmovisión tan diferente de la de los demás, y a veces fuera de lugar, se deben a la cultura heredada de los padres.

En conclusión, la experiencia del extranjero redimensiona la familia en dos sentidos. Antes que nada en el valor que ésta tiene para cada uno de sus miembros y en el cariño responsable de cada uno hacia los demás. En segundo lugar, en la jerarquía de los miembros, que no se altera, pero sí se redimensiona, adquiriendo importancia otro valor, o sea el del servicio y el aporte al grupo. Tal vez este redimensionamiento puede parecer muy normal, pero en la práctica la diferencia es notable.

Se ha dicho ya que la afirmación de que la familia es la célula de la sociedad generalmente no pasa de ser una hermosa frase sin efectos prácticos. En nuestras sociedades la relación entre los miembros de la familia suele basarse sobre la jerarquía del exclusivo respeto de la edad y del papel de padres e hijos, y esto se hace más por tradición que por convencimiento.

El extranjero vive la necesidad mutua de la familia y de cada uno de los miembros y sin abandonar la clásica jerarquía basada sobre la edad, vive concretamente el intercambio de papeles de prestatarios y usuarios, donde la jerarquía del respeto y de la edad no está por encima de la del servicio y del aporte, o por lo menos ésta adquiere una importancia práctica.

Los padres aportan su mayor experiencia, pero los hijos su mayor conocimiento de la nueva realidad, los padres protegen a los hijos de los problemas de la inexperiencia, pero los hijos protegen a los padres de los problemas originados por el desconocimiento del idioma, las costumbres, la geografía, los recursos, los habitantes, etc, locales.

Sobre el tema de las manifestaciones externas de amor entre los miembros de la familia, volveremos más adelante, cuando hablemos de las relaciones humanas.

La sanidad

Los que tenemos una cierta edad y hemos viajado por el mundo antes del setenta (y quizás también algunos años después), recordamos que entre los documentos de viaje no podía faltar el certificado de vacuna, sobre todo contra la viruela. Y si abrimos los libros de historia, nos encontraremos con que muchas veces las migraciones (o el regreso de los soldados, después de una guerra) solían ser portadoras de epidemias. Así, por ejemplo, parte de la población indígena americana murió por falta de anticuerpos contra las enfermedades importadas por los colonizadores.

Lo cierto es que todas las comarcas tienen alguna enfermedad endémica y que el individuo acostumbrado a un clima y a un lugar puede fácilmente enfermarse, cuando se traslada a otro. Yo mismo, a pesar de los años que llevo de girar por climas diferentes, en el ochenta y cinco, después de varios años de vivir en Alemania, comencé a tener problemas de salud por la constante falta de luz y mejoré sólo después de mi traslado a Italia.

También la organización sanitaria es diferente de un lugar a otro. Los conceptos de obra social, mutualidad, médico de cabecera o de familia, hospital, clínica, laboratorios, etc, tienen un alcance muy diferente de un lugar a otro. La infraestructura sanitaria es diferente. Si pienso solamente en mi experiencia y comparo las de Argentina, Brasil, Alemania, Italia, España y Suiza, a las cuales tuve que recurrir, les aseguro que es para maravillarse de lo diferentes que pueden ser.

131

La misma situación psicológica del extranjero lo mueve a tener una relación muy particular con la salud y la medicina. Por un lado, la nostalgia del paisaje y la consiguiente depresión pueden hacer que se vuelva un hipocondríaco. Por otro lado, la dificultad lingüística y la diferencia en la atención médica lo alejan del servicio médico, hasta el punto de hacerlo descuidar la salud, a la espera de un hipotético encuentro con un profesional que lo entienda. Hasta que se convence que no todas sus indisposiciones son tan importantes y que muchas desaparecerán cuando se haya acostumbrado al clima y al lugar. Pero tampoco debe olvidarse que, justamente por el hecho de haber nacido y crecido en otro clima, tiene predisposición hacia ciertas enfermedades que generalmente no tocan a los lugareños.

Pero el efecto más importante de su condición son, por un lado, la falta de los elementos de la propia medicina popular, a la cual recurría normalmente en las enfermedades menores y frecuentes y por el otro, el desconocimiento de las enfermedades que en el nuevo país son frecuentes, pero raras o inexistentes en el de origen. Esto lo obliga a dirigirse a la medicina profesional, abandonando así la tendencia de casi todas las sociedades de autodiagnosticarse y automedicarse.

El sustento

En Alemania, cada vez que viajaba a Münster o a Düsseldorf, solía pasar por negocios especiales, para comprar acelga, batatas o carne argentina. En Turín solía ir con frecuencia a comprar yerba mate, dulce de batata, dulce de leche, y para Navidad, sidra. En los años sesenta, cuando estudiaba en esa misma ciudad, ni habría soñado con conseguir esos artículos. Ahora, tras el reflujo migratorio de los ítaloargentinos, cada día se vuelven más comunes. En Alemania y en Suiza existían tiendas de artículos españoles, italianos, portugueses, turcos o griegos. Hoy en día eso no es más necesario, porque en la mayoría de los supermercados, se consigue de todo.

Empecé este libro recordando como se habían burlado de mí mis compañeros de San Francisco, porque había ido a la escuela con alpargatas en vez de ciudadanos zapatos. Ahora, en la elegante Europa, suelo calzarlas todos los veranos y me siento a la moda.

No creo que sea necesario hablar mucho sobre las diferencias de comidas y vestidos de un pueblo a otro y sobre la importancia que tienen en la cultura popular, hasta el punto de volverse expresiones religiosas. No podemos dejar de mencionar los problemas actuales con el burqa, sobre todo en Francia.

El extranjero se queda siempre atado a los sabores y a los indumentos de su patria, pero los adapta a los nuevos ingredientes. Así los piamonteses para seguir con su tradicional bagna càuda, al no encontrar tan fácilmente el aceite en la Argentina de principios de siglo, lo reemplazan por la abundante crema de leche. Y siempre en Argentina, el halvas de los griegos no encuentra las almendras y se vuelve el mantecol de maní. Hace también combinaciones que en su patria no habría podido hacer, como, por ejemplo, mezclar la comida italiana con la española, aprendida de una familia vecina. Y sobre todo, le da al arte culinario de su pueblo el lugar que le corresponde: el de una señal de cultura popular, al cual él tiene acostumbrado el paladar, pero que no es forzosamente mejor que las otras cocinas.

Las relaciones humanas

El día de nuestra promoción, me encontraba al lado de un compañero esloveno, cuando se acercaron nuestras madres a saludarnos. Yo besé a la mía y mi amigo le extendió la mano a la suya. Le pregunté por qué no la besaba y fue la madre la que me respondió: Nosotros no acostumbramos besarnos. Nos damos la mano y el corazón.

En algunos países se acostumbra saludar besando una mejilla en señal de amistad. En otros las dos. Aquí en Suiza se dan tres besos. En otros se tienen usanzas diferentes, como dar la mano, inclinarse, abrazar, etc. Se trata siempre de expresiones externas, lo cual no es lo mismo que hablar de cariño o afecto. Recuerdo un diálogo con una mujer latinoamericana, residente desde hacía tres meses en Italia. Estaba convencida de que había descubierto una sociedad sin calor humano. Me costó bastante explicarle que, en cambio, se trataba de una sociedad con otro tipo de manifestaciones cariñosas que ella no percibía porque las desconocía.

Esa mujer, apenas al principio de su experiencia como extranjera, cerrada en la añoranza de un mundo parcialmente dejado, porque en él habían quedado sus hijos, no había podido comprender que el afecto no es una manifestación externa, sino un

134

sentimiento íntimo que puede usar muchos lenguajes para expresarse. En síntesis, que así como ella decía en su idioma: cariño, y le parecía estar diciendo más que cuando usaba las palabras italianas: *affetto, tenerezza*, de la misma manera creía percibir más cariño en las manifestaciones a las cuales estaba acostumbrada.

Sin embargo, hay algo que se constata en todo extranjero. Ya sea por el hecho de que no consigue captar las manifestaciones afectivas de la nueva sociedad, ya sea porque la falta de contacto no le consiente hacerse muchos amigos, ya sea porque siente demasiado la lejanía de los suyos, ya sea porque se ve circundado de un mundo que le inspira temor, tiene necesidad de afecto. Se siente blanco de todas las dificultades. La incomprensión, la soledad, el racismo, la nostalgia, la falta de realización, todo lo toca. Entra en el mundo de la verdadera pobreza, que no es la de las cosas materiales, sino la de una cultura transmisible y compartida, una falta de lo que es bagaje común de todos sus vecinos. Su lengua, su tradición, sus costumbres, y hasta su religión, no le sirven para llegar a los demás y a veces no le permiten comprenderlos. Y sólo en esas condiciones de pobreza se siente la necesidad del amor. Y esta necesidad conduce a la comprensión de los demás, de quienes él espera que llenen su vacío.

Se suele decir que amar es dar. El extranjero en cambio siente que lo importante del amor es saber recibir. Y yo creo que buena parte de predicación de Cristo tenía este significado: saber asumir la condición de pobre, de marginado de cualquier tipo de riqueza humana, material o espiritual, para crearse un vacío que debe ser llenado con Dios, el Amor por excelencia.

135

Una característica de los extranjeros es el asociacionismo, derivado de su condición de minoría y la consiguiente necesidad de agruparse con sus compatriotas, para apoyarse mutuamente y revivir su propia cultura. Esto lo lleva a comprender el valor de la colectividad, de la comunidad, que no es lo mismo que la sociedad. O sea, dentro de la sociedad local escoge un grupo de personas que comparten sus propios intereses culturales. Comenzando por las sociedades italianas y españolas de mi ciudad natal, tuve ocasión de relacionarme con muchas de estas asociaciones, participé en la fundación de algunas, redacté más de un estatuto y fui y soy miembro activo de unas cuantas en diferentes países. La mayor parte de ellas eran asociaciones nacionales. Pero hay casos de asociaciones en las que el motivo de unión de los miembros va más allá de las fronteras nacionales y se basa en lazos de unión que los mismos inmigrantes, en su tierra, no hubieran considerado, como por ejemplo la lengua, las tradiciones o culturas similares. Ya en 1854, cuando todavía no existía Italia, el cavalliere Marcello Cerrutti escribe al rey de Piamonte y Cerdeña, a respecto del recién creado Hospital Italiano de Buenos Aires (aún existe y es hoy una institución de enorme valor) *"Es este el primer ejemplo de italianos de variadas provincias que se unen para una tentativa de generosa utilidad"*. En estos últimos años han surgido en muchos países de inmigración, asociaciones de hispanoamericanos o latinoamericanos, que agrupan a provenientes del continente iberoamericano, sin tener cuenta de los distintos países, por el sólo hecho del idioma y de la similitud de tradiciones o de intereses Algunas se limitan a hispanohablantes, otras incluyen a los brasileños de habla portuguesa. Aquí mismo en Suiza las hay muchas y solamente en este

136

cantón del Jura yo conozco tres, a una de las cuales pertenez-
co. Aparte de ofrecer a los connacionales un espacio en el cual
pueden compartir momentos de tradición, estas asociaciones
se esmeran por promocionar su propia cultura entre los lugareños.

Otra característica es la solidaridad, vivida como comprensión,
justamente porque él ha sentido sus beneficios o su falta. No
nos tenemos que olvidar de que el extranjero, desde el punto
de vista social, es un diverso, aun en los casos en que no existe
diferencia de color de piel. Y justamente por eso, se vuelve
abierto a las diversidades, provenientes tanto de un impedimento físico como de uno social.

Las diversiones

Una de las finalidades del asociacionismo es justamente la de
tener posibilidad de recrearse, lo que muchas veces le es negado por la sociedad. En efecto, el que quiere divertirse, busca
gente con la cual es fácil congeniar, o por lo menos con la cual
se puede comprender sin dificultades. Y el extranjero no sabe
divertirse en el modo en que lo hacen los lugareños. La recreación se basa en la música, la danza, el canto, el idioma, el deporte, los juegos, etc,, todas manifestaciones típicamente cos-
tumbristas.

El extranjero que se quiere insertar definitivamente en la sociedad, debe tratar de aprender a divertirse como los autóctonos y comunicarles parte de su modo de hacerlo. Dos deportes

populares de la Argentina, las bochas y la pelota (frontón), nos hablan de la influencia de dos corrientes inmigratorias, los piamonteses y los vascos.

La comunicación

Hemos dicho y repetido que éste es el problema más grave de los extranjeros, por causa de la barrera idiomática, que lo pone en dificultad hasta con sus propios hijos. Sin embargo, dentro de la sociedad es uno de los que más tendría para decir, pero apenas si lo sospecha. De cierto sólo sabe que su voz estaba de más en su patria y por eso tuvo que irse y que en la nueva sociedad le falta siempre la seguridad para poder hablar y no sabe hasta qué punto puede interesar y ser útil lo que él dice.

Yo quisiera detenerme a tratar un fenómeno muy poco estudiado hasta ahora, la literatura de los extranjeros. Tampoco yo diré más de lo que encaja dentro del propósito de este trabajo, o sea indicar su visión sobre el tema.

En el colegio donde he terminado mis estudios, en Turín, nuestros compañeros brasileños editaban un periódico trimestral, que enviaban a todos aquellos que pudieran tener interés de saber algo sobre su pequeño grupo. Esos jóvenes tenían pocos problemas de comunicación, porque en el colegio, entre ellos, los portugueses y algunos argentinos, que habíamos estudiado unos años en Brasil, éramos más de treinta los que hablábamos portugués. Además, todos ellos hablaban perfecto italiano. Sin embargo, sentían necesidad de escribir en su idioma para manifestarse con mayor seguridad a quienes podían entenderlos mejor.

En todos los países esencialmente inmigratorios, existe una red de diarios y periódicos escritos en las lenguas de los inmigrantes. Me basta pensar en mi país y recuerdo diarios, como Il Corriere degli Italiani, Buenos Aires Herald, Argentinisches Tageblatt, Freie Presse y otros. No hablemos de países como Alemania, en el cual los medios de prensa de las comunidades inmigrantes pueden adquirir una dimensión muy importante. También aquí en Suiza la profusión de los periódicos de las comunidades extranjeras es considerable. Algunos periódicos a los que por idioma tengo acceso, como Mundo Hispánico, Via Brasil y Terra Migrante, son muy buenos. Lo mismo podemos decir de las hojas semanales enviadas por las misiones católicas de lengua española, como Asamblea, Hoja de la Comunidad y otras.

Pero toda esta prensa nos habla de una clase cultural que acompañan a toda emigración y desarrollan su trabajo como periodistas, divulgadores, investigadores, editores, o lo que fuere. Me parece muy normal, y en todo caso, significa solamente que las colectividades extranjeras leen con mayor gusto las informaciones en su lengua, que entienden siempre mejor que la local.

En cambio, yo he tenido ocasión de entrar en contacto con otro tipo de publicaciones, que nos hablan de un interés especial de los extranjeros de incursionar en la literatura, que no se hubiera dado en los mismos individuos, si se hubieran quedado en su país. Me refiero a la producida por gente de nivel cultural considerado mediocre, de acuerdo a los moldes consagrados, y

139

en idiomas tradicionalmente no literarios. Y en particular, a la literatura en lengua piamontesa, editada en Argentina. No es la única. Las hay similares, como la gallega o la friulana. Pero hablo de ésta porque la conozco muy de cerca, dado que yo también la he cultivado y continúo haciéndolo. Y como decía al inicio de este párrafo, lo importante de esta literatura es que nos indica que el extranjero quiere, a toda costa, comunicarse en su idioma materno, sin importarse de cuánto sea literario, más bien dándole él un vestido literario, para presentar su mundo, hecho de una tierra dejada y redimensionada y de una nueva tierra interpretada bajo una luz diferente.

Yo mismo he extendido, para una posible publicación, una antología de literatura piamontesa producida en Argentina. He recopilado sólo poesía y prosa con argumento argentino. En ella vemos claramente que el idioma, despreciado en la patria como dialecto, adquiere un valor de expresión cultural, vehículo de la interpretación de la nueva realidad. Significativo en este sentido, por ejemplo, es el hecho de que se hayan traducido al piamontés los dos poemas más argentinos, el Martín Fierro y el Santos Vega, para hacerlos conocer a los compatriotas, como afirma el mismo traductor.

Algunos de los autores de esta literatura son gente de letras, también en castellano. Pero la mayor parte de ellos son o fueron colonos, con estudios que no pasan de la escuela primaria. Además, cuando al campo no llegaba prácticamente ninguna otra hoja impresa, en los últimos años del siglo diecinueve y primero del veinte, los gringos tenían un semanario en piamontés: Gianduja. A ése le siguieron otros periódicos, como L'indiscret, Noiàiti o La Fiama. El director de estos dos últimos fue Luis Rebuffo, un hombre excepcional. Campesino

140

hasta los veinte años, se dedica luego a la lectura y en Rufino, provincia de Santa Fe, hace sus primeras armas en el periodismo. Luego se vuelca por entero a la literatura piamontesa. Publica y edita él mismo un diccionario piamontés-castellano y viceversa, una gramática y un método para aprender la lengua, una autobiografía (en castellano) y muchos cuentos y dos libros de poesía. Su mujer fue también una poetisa piamontesa, conocida y publicada en el mismo Piamonte.

La conclusión de todo esto es que el extranjero, prescindiendo de su grado de preparación cultural, siente la necesidad de comunicarse, revaloriza su propio cultura, hasta el punto de convertir en lengua literaria un idioma que, aun en su misma patria, ha visto despreciar, y por último, se hace mensajero ante sus compatriotas de una nueva cosmovisión aprendida en el país de llegada.

La escuela

La mayor parte de la población de mi país desciende de las oleadas inmigratorias provenientes de la Europa meridional. La mayoría de esa gente era casi analfabeta. Y sin embargo muy pronto se volvió una de las poblaciones más alfabetizadas y cultas del mundo. El mismo Edmundo De Amicis, en su libro *In America*, manifiesta su estupor al haber presenciado una reunión en San Carlos Centro, donde sus compatriotas, ignorantes campesinos del Piamonte y la Lombardía, que en su patria no se habrían atrevido a abrir la boca, allí discutían nada

141

menos que sobre la reforma del programa de estudios de la escuela local.

En efecto, nadie mejor que el extranjero puede comprender la importancia de la escuela y de los estudios, porque su vida es un constante aprendizaje y su fuerza progresista se basa en su mente siempre abierta para captar cada uno de los detalles de la realidad, que a pesar de ello, siempre permanece lo bastante extraña, como para obligarlo a echar mano de sus recursos mentales y sus esfuerzos de análisis y su capacidad de usar, a la vez, la cultura de origen y la adquirida, para aferrarla.

Se redimensionan el aprendizaje y la enseñanza. La mayor parte de los extranjeros relacionan su emigración con el estudio, sea porque la falta de una adecuada preparación les impidió realizarse en su patria, sea en cambio, porque una preparación excesiva o inoportuna para su patria los obligó a buscar otros horizontes más propicios. Llegados al nuevo país, tienen la oportunidad, por un lado, de comprobar el resultado de su propia preparación, puesta a la prueba en la situación crucial de la emigración, y por el otro, de cotejar los métodos de enseñanza de las dos culturas.

Los que en su patria no han podido estudiar no se olvidan de que allá sólo progresaban los que estaban preparados y a la vez, se dan cuenta de que en el nuevo país lograrían mucho más, si también ellos lo estuvieran. Los que, en cambio, tuvieron que emigrar porque estaban demasiado preparados para encontrar el espacio justo en su patria saben muy bien que el problema no era que ellos estuvieran excesivamente preparados, sino más bien que a su propia sociedad le faltaba la apertura hacia determinados campos, y que si logran realizarse en el nuevo país, se debe al hecho de que allí encuentran interés por lo que ellos saben.

Es lógico, entonces, que tanto los primeros como los segundos se interesen porque sus hijos estudien y eviten los mismos problemas que ellos tuvieron. Para eso tratarán de que se reproduzcan las condiciones que llevan al éxito y de que se esquiven las que no.

No siempre es así. Entre algunos italianos residentes en Alemania he encontrado una situación especial. Muchos alumnos de esta colectividad sufrían de un endémico fracaso escolar. Los operadores didácticos y asistentes sociales hablaban de dos causas principales: la dificultad lingüística y la falta de estímulo hogareño. Las autoridades italianas y alemanes se han preocupado por el problema y han tratado y de arbitrar medios que llevaran a una solución.

Pero, desde mi punto de vista, esta situación no es un mentís a lo que he dicho sobre los extranjeros y la escuela, sino una corroboración. Yo la considero una lógica consecuencia de la relación entre la cultura de origen y la de llegada. Y bastaría sólo con analizar esas dos causas principales con un criterio diferente del que utilizan esos operadores, que están condicionados por la opinión oficial de sus sociedades.

No se puede pretender que estos inmigrantes se importen mucho por la dificultad lingüística, cuando ellos casi no han tenido necesidad de aprender el idioma, aparte de las palabras absolutamente necesarias para el trabajo, como el nombre de las herramientas, máquinas, tareas, etc. Sin hablar de las mujeres, que si no trabajan, no lo necesitan para nada, porque para las compras tienen los supermercados, donde se sirven solas y

143

en la caja pueden leer en la pantalla la cantidad que deben pagar, y encuentran que los papeles que deben llenar para cualquier trámite están escritos también en italiano o se los pueden llevar al asistente social para que éste se los prepare. Recuerdo siempre a un obrero, que vivía en Lüdenscheid desde hacía cuatro años, y se jactaba de no haber aprendido ni siquiera a saludar en alemán.

Ni se puede esperar que estos padres estimulen a un estudio del cual no sienten necesidad, sobre todo teniendo en cuenta que sus hijos siempre tendrán una preparación superior a la de ellos. Y ellos han logrado no solamente trabajar, sino también crearse una posición económica por lo menos cómoda, si no más, pero que, en relación con la que tenían en su patria, significa un progreso considerable. Es lógico entonces suponer que consideren una gran cosa que los hijos ya puedan conseguir un buen puesto como obrero especializado y no como peón.

Pero hay algo más que los operadores, por su encasillamiento mental, no pueden considerar, pero que es muy importante. He notado que muchas personas que se ocupan socialmente de estos inmigrantes tienen hacia ellos un latente desprecio. Están convencidos de que se trata de ignorantes que también en su patria estaban y seguirían estando marginados. No puedo decir de ninguna manera que todos los operadores en el campo social y didáctico compartan esta idea, pero tampoco puedo reconocer que haya encontrado muchos de ellos, que tuvieran una gran estima hacia los inmigrantes.

No es de extrañar. En el concepto normal de cultura de un europeo no pueden ciertamente entrar estos inmigrantes. La mayor parte de ellos no hablan ni siquiera un discreto italiano, sino que se expresan en sus idiomas regionales, que en su patria se llaman dialectos y se consideran algo así como la antítesis de la cultura. En conclusión, al contrario de lo que sucedió en el caso de los piamonteses de que hablé poco antes, lo que ellos entonces consideraron riqueza, en este caso en cambio, se considera pobreza. Por lo tanto, con el fin de elevarlos y ponerlos en un nivel de cultura oficial, o sea italiano-toscana, se los coloca en un terreno de inseguridad y se los lleva a la convicción de que ellos no pueden comunicar a sus hijos nada de valedero, ni siquiera una lengua que valga dos centavos.

Además, la cultura alemana, con todas sus seguridades matemáticas y su empecinamiento por el rendimiento, no puede atraer a esta pobre gente, que vive una penosa inseguridad.

Y el resultado salta a la vista. Estos inmigrantes prefieren pensar que ya han hecho más que suficiente por la educación de los hijos.

Aquí en Suiza, y determinadamente aquí en el cantón del Jura, he encontrado en algunos maestros un empecinamiento especial en lo que hace al idioma francés. Se estigmatiza a los alumnos de familias extranjeras que tengan problemas con esa lengua, y se trata de culpar a la familia por el uso de su lengua nacional. Conozco a dos niños que, aparte del francés, en el cual tienen problemas, que no son para nada superiores a los de muchos niños jurasianos, por la conformación de su familia, hablan español, portugués e italiano. No resultó fácil hacerle comprender a algún maestro que el nivel de preparación de estos niños es superior al de sus compañeros que hablan sólo francés, por mejor que lo hablen. Así mismo he

145

escuchado a algún maestro recriminar a los padres por no hablar en francés con sus hijos.

Aquí es importante hacer notar que lo ideal es que en la casa se hable el idioma de origen, que para el niño termina siendo el idioma de la casa, el de los padres y abuelos, que se distinguirá del idioma de la calle, de los amigos y de la escuela. Cae de su peso que el idioma de origen es el que los padres pueden enseñar bien a sus hijos. Hablar con ellos en el idioma local significa con mucha probabilidad comunicarles los errores que ellos cometen al hablarlo. Yo mismo lo he comprobado, porque mi madre nos habló siempre en su castellano, y sólo en mi adolescencia descubrí que había heredado algunos errores.

El patrimonio

En el fondo, la emigración es la búsqueda de la Tierra de Jauja, el Paese di Cuccagna, el Schlaraffenland, el El Dorado, un objetivo que puede variar, de acuerdo a la idea que se tenga de esa tierra prometida y según las carestías del país de origen, puesto que el emigrante parte a buscar lo que le falta en su patria.

Así es como hay extranjeros que logran amasar verdaderas fortunas y los hay que se conforman con la posibilidad de vivir sin estrecheces.

Es que, repito, la idea de patrimonio depende mucho de la historia hogareña. Los italianos, los españoles y portugueses que han emigrado a Alemania o Suiza viven, muchas veces, en buhardillas o en departamentos de alquiler barato, amueblados con lo que recogen por las calles, gracias a una costumbre de estos dos países, por la cual en determinados días del año la gente puede colocar al borde de la calle todo lo que ya no utiliza, a fin de que cualquiera pueda llevarse lo que necesita, dejando el resto para que a la mañana siguiente lo recojan los camiones municipales. Y a pesar de ello, los bancos los consideran óptimos clientes. Es que su sueño es el de ahorrar hasta el último céntimo, para construirse la casa en su pueblo de origen. Nacidos y crecidos en la pobreza, soñaron siempre tener una casa como las de los ricos que han envidiado. Para ello no les importa seguir viviendo modestamente, tanto más cuando, en general, siempre es mejor de como vivían en su patria. De este modo de actuar, siempre en el caso de estos inmigrantes que conozco bien, deriva un daño notable en la educación de los hijos, generalmente desatendidos en pos de mayor trabajo y mejor ganancia. Ya me ha tocado atender casos dolorosos, en los que iba de por medio la salvación de jóvenes, que caían en la droga, en el alcohol o en otros problemas.

Sea como sea, aparte de como vivan o donde acumulen su patrimonio, una sola es la verdad: con la emigración se busca un progreso económico. Pero sería injusto reducir todo al aumento de los bienes materiales. Estos son apenas un símbolo de lo que se busca en realidad. El emigrante se había acostumbrado en su patria a ver que solamente los que tenían posibilidades económicas lograban a la vez desarrollarse en lo que deseaban, hacer estudiar a sus hijos, viajar, etc. Es normal, entonces, que se confunda la necesidad primitiva de vivir medianamente bien con la de tener dinero.

He observado a muchos profesionales ítaloargentinos que en Piamonte ocupaban puestos de obreros, muy por debajo de su preparación. Estamos hablando de personas que provienen de un pueblo con un alto concepto de status. Sin embargo, frecuentemente les oí decir que lo único que buscaron con la emigración fue vivir sin apremios, poder gozar de la familia, asegurar a los hijos una posibilidad de futuro.

Este último punto merece unas palabras más. Podemos con derecho calificar a una buena parte de los emigrados como a desheredados, de los cuales es lógico esperar que quieran dejar una herencia a sus propios hijos. Un estudio de los colonos de la Pampa Gringa me hizo maravillarme de la importancia que esos gringos le daban al dinero. Pero conociéndolos profundamente porque son mi gente, puedo afirmar que la primera riqueza y herencia que buscaban, como todos los emigrantes, es la de la libertad y la posibilidad de encarar la vida sin apremios.

La producción

Su patrimonio, salvo en los raros casos de ricos emigrantes, inversores más o menos internacionales, el extranjero lo realiza con su trabajo, con la producción a favor de la sociedad que lo hospeda.

El primer logro en la tierra de llegada es el permiso de trabajo,

148

lo que no suele ser fácil, porque las leyes tienden a limitar mucho la entrada en el mercado del trabajo, que se reserva antes que nada para los ciudadanos, luego para los continentales y sólo por último, a los extracontinentales. Recuerdo que para un puesto en Alemania, a un sobrino mío, latinoamericano, se le respondió que se debía probar primero que no hubiera ningún alemán interesado, luego ningún miembro de la comunidad europea, luego aún ningún europeo no comunitario. En todos los países europeos hay muchos miles de extranjeros que no tienen ni podrán conseguir jamás el permiso de trabajo. Muchos de ellos viven trabajando en negro por poco dinero. Otros son vendedores ambulantes o limpian parabrisas en los semáforos.

Pero conseguir el permiso de trabajo no es todo. Ya hemos hablado de profesionales que deben conformarse con un puesto como obrero y que saben muy bien que deberán seguir así, porque sus títulos de estudios no son reconocidos o porque no hay campo para su profesión o simplemente porque no están en condiciones de competir con los profesionales locales. Además, son muy pocos los países en los que no importa cuál es la nacionalidad de los candidatos para darles un puesto de trabajo. Hace poco, buscando trabajo para una enfermera alemana, vi que entre las condiciones exigidas en varios hospitales suizos era la posesión de un permiso de trabajo. Se trataba sin duda de formularios antiguos, porque ahora esto ya no es problema para cualquier europeo, puesto que en todos los países de la Comunidad Europea y en Suiza, gracias a los tratados bilaterales, es posible buscar y conseguir trabajo y sólo luego fijar la residencia. Esta facilidad sin embargo redunda en desmedro para los no europeos, a los que se les hace casi imposible conseguir permiso de trabajo.

Algunas corrientes emigratorias muy amalgamadas se imponen en actividades especiales. En Argentina, por ejemplo, los japoneses se especializaron en tintorerías, los griegos en quioscos, los árabes en tiendas, los portugueses en quintas de verduras. En Brasil, los japoneses, en cambio, tienen en sus manos la producción y el comercio de las verduras. Aquí en Suiza, muchos españoles mantienen empresas de construcción. No quiere decir que los individuos de estas nacionalidades estén mayormente capacitados para estos trabajos, sino más bien que los primeros tomaron por casualidad o por alguna circunstancia especial, esa actividad y luego introdujeron en ella a los compatriotas que siguieron llegando.

Éste es uno de los subsistemas sociales que sufren un mayor redimensionamiento en la realidad del extranjero.

En la vida normal en su patria se habla de una inclinación, de una vocación de cada individuo, que después de los primeros años de estudio, se va especializando cada vez más en un oficio o una profesión que ha elegido. Cuando termina su aprendizaje, el joven, que generalmente sigue siendo mantenido por su familia, espera hasta conseguir un trabajo que esté de acuerdo con su preparación. Para él el puesto de trabajo es un corolario de sus expectativas, una realización psicosocial.

En cambio el extranjero, por más que haya emigrado con la intención de realizar en otro país lo que no consiguió en su patria, casi siempre se encuentra con una realidad bien diferente. El trabajo se vuelve para él un medio para la subsistencia y adquiere la finalidad primordial de ganarse el pan. De ahí la determinación de buscar y aceptar cualquier puesto de trabajo que le permita ganar lo suficiente para vivir él y su familia. En muchos casos esto significa, por lo menos por un buen tiempo, dejar de lado sus metas. Y muchas veces la profesión u oficio en que se había preparado no tiene en el nuevo país ningún tipo de futuro, por lo tanto tiene que olvidarla o desarrollarla como hobby.

Es muy comprensible que una situación de ésas no se sostiene fácilmente durante mucho tiempo o durante toda la vida y que de cualquier modo, para no sentirse subestimado, se requiere un criterio muy equilibrado de la relación entre el valor personal y la actividad que se desarrolla. Muchas veces, al entusiasmo de los primeros tiempos se sigue una gran desilusión, que puede terminar también en el regreso a la patria. Pero, a veces, aun contra las expectativas, el extranjero se las ingenia para encontrar un puesto en el que pueda utilizar su propia preparación.

La religión

Cuando el hombre emigra, suele llevarse consigo sus objetos sagrados. Pero aunque no se los lleve, no por eso dejará de ir acompañado de sus concepciones religiosas. Ésta será la última categoría que abandonará, aun cuando externamente se haya acostumbrado a nuevos ritos, a nuevos objetos sagrados, a nuevas plegarias. En el caso de que no encuentre nada de substitutivo, se irá limitando cada vez más a los ritos y plegarias a los que se sienta más estimulado por las circunstancias,

151

o bien a los que más se haya quedado apegado. Puede ocurrir también que tome de la nueva sociedad sólo las costumbres religiosas que más se acomoden a sus concepciones. Sin contar, además, que el conocimiento religioso se ha adquirido como dogmático, irrefutable, revelado. Y es muy difícil separar las verdades divinas de las simples expresiones rituales, o sea del folclore religioso. Qué decir entonces cuando los creyentes son personas de escasa cultura. En este caso todo tiene el mismo valor, ya se trate de la existencia de Dios, que de las costumbres de la religiosidad popular, como la de lavarse la cara cuando repican las campanas del sábado santo, una costumbre que no cito al azar, sino porque la habían llevado a mi pueblo los inmigrantes piamonteses. Y cuando éramos niños, aunque no nos obligaran a ir a Misa, se encargaban de que cumpliéramos con ese rito casero.

Dije que no nos obligaban a ir a misa ¿Qué había pasado con los catolicísimos piamonteses? Nada. Continuaban sintiéndose tan católicos como antes. Pero, fuera de su propio ambiente, no sentían necesidad de ir a iglesias que no eran las suyas, en un mundo en el cual a nadie les importaba si ellos iban, ni nadie los habría condenado porque no fueran. Esto no pasó sólo con ellos, sino con todos los italianos, españoles y portugueses que emigraron, aun a los que dentro del propio país emigraron del sur a las ciudades industriales del norte. Toda la religiosidad europea no es diferente de las demás religiosidades, sino que también es un conjunto de costumbres, creencias y ritos más o menos supersticiosos y caseros y un poco de verdadera fe en Dios y en lo trascendental.

No hay que olvidar que el emigrante es una persona que ya en la patria se destacaba del grupo, hasta el punto de haberse visto en la necesidad de irse del país. No es de extrañar, entonces, que también en el tema religión piense diferentemente. Por lo tanto, ayudado por la separación geográfica y por la influencia de la nueva sociedad, puede hacerse planteos muy particulares, positivos o negativos. Su encuentro con otras creencias lo lleva a redimensionar la suya. He observado, por ejemplo, que en Alemania, una de las principales fuentes de prosélitos para los testigos de Jeová son los italianos y los españoles, y no faltan griegos. Así mismo, en Argentina, el primer movimiento de vanguardia de la Iglesia católica nació en Córdoba, guiado por sacerdotes gringos.

La seguridad

Con excepción de la Legión Extranjera, nada hay de más nacional, para no decir nacionalista, que las fuerzas del orden.

Existe en el extranjero una especie de desconfianza hacia ellas. La policía, el ejército, la aduana, representan una dificultad para salvar. Son los que pueden encontrar algún pero en los documentos, que pueden oponerse a la entrada en el país o a la permanencia. Y en el caso de un problema real, nunca se puede estar seguros de que no se inclinen parcialmente para favorecer a sus conciudadanos. En la historia del campo argentino hubo casos de colonos gringos, que terminaron por armarse para defenderse de los mismos representantes de la ley, que representaban también a la oligarquía gobernante.

153

La política y la administración

También de la política se lo suele tener apartado. En la mayoría de los países no pueden votar ni siquiera en las elecciones locales, por más que vivan allí desde muchos años, paguen los debidos impuestos y sean buenos ciudadanos. Así mismo, son muchos los países que. Hasta hace poco, no concedían a los emigrados el derecho de votar desde el extranjero. Al emigrante no le queda, por lo tanto, mucho interés por la política, sea del país de origen, sea del país de residencia.

Esta forzosa abstención les acarrea un grave daño. A pesar de ser una parte muy activa para el progreso de ambos países, del de residencia por su producción, del de origen por las remesas de sus ahorros, no tienen derecho de elegir representantes que cuiden sus propios intereses. O sea que valen en el momento de dar, pero no cuentan en el momento de recibir, porque no son ciudadanos o porque no son residentes.

En algunos países, los extranjeros que residen en ellos desde hace años pueden, por lo menos, participar en las elecciones municipales, sea como electores, sea como candidatos. Un ejemplo lo tenemos en Suiza,

Y hay países que conceden a sus ciudadanos residentes en el extranjero la posibilidad de votar, generalmente en las sedes de los consulados. Por lo que hace a mí, los dos países que me interesan por mis nacionalidades, Argentina hace unos años decidió incorporarnos en los padrones electorales a los residentes en el exterior. Italia lo ha hecho más tarde. Yo hasta hoy, a mis setenta años de edad, voté muy pocas veces.

Es verdad que el emigrante se ha ido de su país con un cierto reproche, por no haberle dado espacio para realizarse, pero que no por eso se apega completamente al país de residencia, en el cual difícilmente piensa quedarse para siempre. Es verdad que, por eso mismo, es una persona más bien aislada dentro de su colectividad, por el idioma y las costumbres, por la lejanía y por los esfuerzos para conseguir el éxito. Pero es también verdad que sigue con gran interés los sucesos de uno y otro país, y que en los casos en que puede participar, como en los sindicatos, en las comisiones de fomento, en las instituciones, suele ser muy activo. Y cabe decir que aquí en Suiza ya son muchos los puestos públicos ocupados por extranjeros.

No quisiera dar mucho peso a esta opinión, pero siempre pensé que el motivo por el cual los políticos de Italia, país de antigua y numerosa emigración, demoraron tanto en admitir el voto de los emigrados, fue la imposibilidad de manejarlos con promesas de hipotéticos beneficios en el interior del país y las sorpresas desagradables que podían llegar de su opinión incondicionada. Así, mientras por lo menos un cuarto de lo que tiene el país lo debe al esfuerzo de los emigrados, éstos no lograban tener la mínima ingerencia en la administración del fruto de su desarraigo.

El derecho y la justicia

Un viernes del sesenta y tres, algunos meses después de mi llegada de Sudamérica, entré a almorzar en un restaurante de

155

la ciudad de Cúneo. Como era usual en aquellos años, vestía mi sotana de clérigo. Cuando vino el mozo, le pedí una milanesa. Observé que todos me miraban y murmuraban. Eso me extrañó mucho y esa noche en el colegio pregunté a mis compañeros si los italianos no estaban acostumbrados a ver a un cura en un restaurante. Allí me enteré que el estupor de los presentes se debía solamente al haber visto a un clérigo comiendo carne en un viernes. Ellos no podían saber que yo era un recién llegado de un país en el que no existía la ley de la abstinencia, fuera del tiempo de cuaresma, ni tampoco podían suponer que existiera un lugar en el mundo donde los católicos pudieran comer carne los viernes.

Las leyes, aunque estén basadas en una ética que por ser humana es también internacional, cambian sin embargo mucho de un país a otro y dependen en una buena proporción de la religión de la mayoría, de la tradición, de la cosmovisión y de las necesidades del pueblo y a veces, inclusive de la conveniencia de algunos sectores. No es difícil comprender que el extranjero debe tener los ojos muy abiertos para no incurrir en el peligro de cometer faltas involuntarias. El derecho de residencia lo obliga a aceptar la ley local, por lo que su condición de extranjero nunca es disculpa valedera.

El reconocimiento de los méritos

En los países americanos se ha rendido honor a la inmigración, o más precisamente a la colonización, creando una toponimia que recuerda el origen de la población: New York, New Orleans, Nova Friburgo, Córdoba, Nueva Granada, Nueva Torino, y muchos otros nombres de ciudades europeas, acompañados del adjetivo Nuevo o no.

Algunos monumentos van más allá. Para citar sólo los que yo conozco, son los monumentos a los Italianos, a los Españoles, al Inmigrante Piamontés, todos en Argentina.

Pero los extranjeros deben empezar a respetar la historia del pueblo que los hospeda y a aprender a honrar a sus héroes. Y su necesidad de asimilarse lo mejor posible los mueve a ello.

Existe también una proyección de las honras a los héroes de la patria de origen entre las colectividades extranjeras. Los italianos, en Argentina, tienen sus monumentos a Garibaldi, a Mazzini y la calle Humberto Primo, en la zona céntrica de Buenos Aires.

De todos modos, en la nueva sociedad es tan precaria la situación del extranjero, que ya le parece un verdadero premio conseguir imponer su presencia y su trabajo y un honor que lo acepten. Todo su esfuerzo tiende a conformar plenamente a los usuarios, no a buscar la admiración y la alabanza. Es más, trata de no hacer pesar su condición de extranjero, casi como agradeciendo la posibilidad de ganarse el pan.

En síntesis

Este pequeño recorrido que hemos hecho a lo largo de los subsistemas de la organización humana, de la mano del extran-

157

jero y tratando de verlo todo con sus ojos y de vivirlo con sus inconvenientes y sus facilitaciones, manteniendo una constante homeostasis entre lo que fue y lo que es, su sociedad de origen y la de llegada, no lo hicimos porque sí. Son los mismos subsistemas que tarde o temprano todos tenemos que analizar, y no siempre con la posibilidad de hacerlo liberado, o por lo menos independiente, de la visión unilateral que nos ha marcado el rumbo desde la infancia.

Cualquier situación vital, crucial o no, tiene por marco uno de estos subsistemas y depende de varios otros, como también de los componentes operacionales de paisaje, cronología, personajes y procedimientos y por último también de la dinámica que se emplea y de las metas que se tienen.

Repito la propuesta de realizar una emigración mental de la sociedad en cuya cosmovisión nos encontramos encerrados. Y sucesivamente inmigrar en nuestra misma sociedad, pero para verla con ojos de extranjero, para descubrir su verdadero valor.

El método que les presenté es mucho más efectivo de lo que pude haber logrado explicar. Pero no me siento en culpa de haberlo apenas presentado, sin entrar en pormenores. Su gran valor es justamente el de que tiene que ser descubierto, vivido. Si se lo analiza profundamente, se verá que marca el paso de una manera muy precisa, pero no contundente. Lleva a la objetividad de una manera racional. A cada momento nos hará volver sobre el camino recorrido, para ver las cosas siempre bajo una nueva luz. Usémoslo con el criterio de un extranjero, atentos a todos los datos que pueden aportar una nueva visión, siempre prontos a aprender.

No he querido hacer de maestro. No he salido nunca de mi lugar del verdadero extranjero que soy. El que me hayan acompañado hasta aquí ya paga este esfuerzo, hecho con la única intención de servir a la sociedad.

Delémont, Suiza, 24 de febrero de 2010